Allen Elkin

Stressmanagement für Dummies

Das Pocketbuch

Übersetzung aus dem Amerikanischen
von Marion Thomas

WILEY-
VCH

WILEY-VCH Verlag GmbH & Co. KGaA

Bibliografische Information der Deutschen Nationalbibliothek
Die Deutsche Nationalbibliothek verzeichnet diese Publikation in der Deutschen Nationalbibliografie; detaillierte bibliografische Daten sind im Internet über http://dnb.d-nb.de abrufbar.

1. Auflage 2009
1. Nachdruck 2015

Mehr über Stressmanagement erfahren Sie in »Erfolgreiches Stressmanagement für Dummies«.

Printed in Germany
Gedruckt auf säurefreiem Papier

Satz Conrad und Lieselotte Neumann, München
Druck und Bindung CPI – Ebner & Spiegel, Ulm

ISBN 978-3-527-70467-5

Stressmanagement für Dummies – Schummelseite

Stresssymptome erkennen

Körperliche Anzeichen von Stress:

- ✔ Müdigkeit, Lethargie, Muskelverspannungen und -schmerzen
- ✔ Herzklopfen, rasender Puls, schnelle, flache Atmung, Schwächeanfälle, Zittern
- ✔ Sodbrennen, Verdauungsstörungen, Durchfall, Verstopfung, Nervosität
- ✔ Übermäßiges Schwitzen, feuchte Hände, kalte Hände und/oder Füße
- ✔ Hautausschlag, Nesselausschlag, Jucken
- ✔ Nägel kauen, Zappeligkeit, häufiges Urinieren
- ✔ Weniger Lust auf Sex, Überessen, Appetitlosigkeit
- ✔ Schlafschwierigkeiten, erhöhter Konsum von Alkohol und/oder Drogen und Medikamenten

Psychische Anzeichen von Stress:

- ✔ Reizbarkeit, Ungeduld, Wut, Feindseligkeit
- ✔ Sorgen, Angst, Panik, Traurigkeit, Gefühl der Überforderung
- ✔ Gedächtnislücken, Konzentrationsschwierigkeiten, fehlende Entscheidungskraft

Versuchen Sie es mit Progressiver Muskelentspannung

Die Progressive Entspannung fördert die schnelle Reduzierung von Muskelspannungen und sorgt für Entspannung.

1. Legen oder setzen Sie sich so bequem wie möglich hin und schließen Sie Ihre Augen.

   Suchen Sie sich einen ruhigen Ort mit gedämpftem Licht.

2. Spannen Sie die Muskeln eines bestimmten Körperteils an. Beginnen Sie zu Übungszwecken mit Ihrer rechten Hand und Ihrem rechten Arm. Strengen Sie sich bei diesen Übungen zur Muskelspannung nicht an, übertreiben Sie nicht. Wenn Sie Schmerzen bemerken, lockern Sie die Spannung.

3. Halten Sie die Anspannung in dem Körperteil etwa sieben Sekunden lang.

4. Lösen Sie die Spannung relativ schnell, sodass Ihre Muskeln schlaff werden. Spüren Sie, wie es sich anfühlt, wenn Sie Ihre Muskeln anspannen und entspannen. Lassen Sie das Gefühl der Entspannung etwa 30 Sekunden lang tiefer werden.

5. Wiederholen Sie die Schritte 1 bis 4 für die gleiche Muskelgruppe.

6. Fahren Sie mit einer anderen Muskelgruppe fort.

Inhaltsverzeichnis

Einführung

Fast jeder hat das Gefühl, zu viel Stress in seinem Leben zu haben. Tag für Tag höre ich Menschen, die sich darüber beschweren, dass Stress sie belastet, ihre Lebensfreude schmälert und ihnen die Zufriedenheit nimmt.

Stress kann für Sie viele Formen annehmen: zu viel Druck im Beruf, finanzielle Sorgen oder die Anforderungen, die eine Familie mit sich bringt. Vielleicht erleben Sie ganz spezielle Formen von Stress – Krankheit, Arbeitslosigkeit, ein Baby oder einen Kredit für den Hausbau.

Beim Thema Stressmanagement bringt leider ein kleiner Rat, egal wie weise er auch sein mag, nicht viel. Es bringt nichts, wenn Ihr Partner oder bester Freund Ihnen sagt: »Entspann Dich. Nimm das nicht so ernst.« Um mit Stress in Ihrem Leben wirksam umgehen zu können, brauchen Sie die richtigen Werkzeuge zur Verminderung Ihres Stresses sowie die richtigen Techniken, Strategien und Taktiken für das Stressmanagement.

Über dieses Buch

Stressmanagement für Dummies wird Ihnen diese Werkzeuge in die Hand geben. Dieses Buch unterstützt Sie bei der Orientierung angesichts des oft verwirrenden Angebots an Möglichkeiten der Stressbewältigung und -vermeidung. Es vermittelt Ihnen die Grundlagen und Fähigkeiten, die Sie brauchen, um den Stress in Ihrem Leben zu reduzieren.

Es hilft Ihnen zu verstehen, woher Stress kommt, wie er sich auf Sie auswirkt und was Sie dagegen tun können. Es zeigt Ihnen, wie Sie Ihren Körper entspannen, Ihren Geist beruhigen und Anspannung lösen.

Mit Hilfe dieses Buches sollten Sie ein Paket aus Methoden und Techniken zusammenschnüren können, das sich in die verschiedenen Aspekte Ihres Lebens integrieren lässt. Dazu gehört, dass Sie sich Gedanken darüber machen, was Sie essen und auf welchem Stuhl Sie sitzen, wie viel Schlaf Sie bekommen und wie Sie Ihre chaotischen Gedanken ausschalten. Wirksames Stressmanagement bedeutet auch ein effektives Management Ihres Lebensstils.

Was Sie nicht lesen müssen

Sie müssen dieses Buch nicht von der ersten bis zur letzten Seite lesen. Sie können getrost zunächst den Teil lesen, der Sie am brennendsten interessiert.

Törichte Annahmen über den Leser

Da Sie dieses Buch gekauft haben, nehme ich an, dass Sie sehr gut wissen, was es heißt, gestresst zu sein, und dass Sie etwas gegen Ihren alltäglichen Stress tun wollen. Sie fühlen sich wahrscheinlich durch die Aufgaben, die Ihr Berufs- und Privatleben Ihnen stellt, überfordert und haben das Gefühl, chronisch überbelastet zu sein. Sie suchen nach Wegen, entspannter und ausgeglichener zu werden. Mit dem Pocketbuch *Stressmanagement für Dummies* halten Sie ein Instrument in den Händen, das Ihnen dabei helfen wird.

Wie dieses Buch aufgebaut ist

Stressmanagement für Dummies besteht aus fünf Teilen. Im folgenden Abschnitt gebe ich Ihnen einen kurzen Überblick über diese Teile, damit Sie das Buch gezielt Ihren Interessen entsprechend lesen können.

Teil I: Ihren Stress verstehen

Hier erfahren Sie, wie Sie Ihrem Stress auf den Grund gehen. Sie lernen, Ihren Stresspegel zu messen und Ihren Stress zu verstehen, um ihn anschließend wirksam bekämpfen zu können.

Teil II: Verspannungen lösen

In diesem Teil erfahren Sie, wie Sie Verspannungen in Ihrem Körper erkennen und lösen können. Schon mit einer verbesserten Atmung werden Sie sich wohler und frischer fühlen. In einem zweiten Schritt können Sie mit wenigen leichten Übungen der *Progressiven Muskelentspannung* Verkrampfungen in Ihrem Körper Stück für Stück lösen.

Teil III: Geist und Körper

Nach den physischen Techniken zum Lösen von Verspannung und Anspannung folgen nun die psychischen Werkzeuge. Lernen Sie, wie Sie mit kleinen Tricks Ihren Geist vom täglichen Stress ablenken. Schließlich führe ich Sie in die Grundlagen der Meditation ein, mit denen auch Sie zu mehr innerer Ausgeglichenheit gelangen können.

Teil IV: Stressmanagement in der Praxis

Effektives Stressmanagement bedeutet auch, den persönlichen Alltag stressresistent zu machen. Sie können Ihren Arbeitsplatz so einrichten, dass er Ihnen mehr innere Balance geben kann und Stress nicht aufkommen kann. Außerdem erfahren Sie, wie Sie auch in Ihren eigenen vier Wänden für Ordnung, Harmonie und ein stressfreies Leben sorgen.

Teil V: Der Top-Ten-Teil

Der Top-Ten-Teil gibt Ihnen noch einmal in aller Kürze das Wichtigste mit auf den Weg: die zehn Gewohnheiten erfolgreicher Stressmanager und die zehn häufigsten Stressauslöser.

Symbole, die in diesem Buch verwendet werden

Ich benutze dieses Symbol, um auf einen besonderen Punkt hinzuweisen, den Sie beachten sollten.

Wenn ich eine Idee präsentiere, die Sie nicht vergessen sollten, benutze ich dieses Symbol.

Wenn ich Sie warnen möchte, sehen Sie dieses Symbol.

Hinter diesem Symbol verbirgt sich eine besondere Technik für den Umgang mit Stress.

Hinter diesem Symbol finden Sie Anekdoten und Triviales, das für Sie interessant sein könnte.

Teil I

Ihren Stress verstehen

»Okay, du warst deprimiert, weil du nicht gewonnen hast. Aber hättest du nicht wenigstens den Scheck über 100.000 Euro für den zweiten Preis mitnehmen können?«

In diesem Teil ...

... erkläre ich Ihnen, was Stress ist und wie er sie mental, physisch und emotional beeinträchtigen kann. Danach stelle ich verschiedene Techniken vor, mit deren Hilfe Sie einschätzen können, wie viel Stress Sie eigentlich erleben.

Stress verstehen ist so einfach wie das ABC

1

In diesem Kapitel

- ✔ Stress verstehen
- ✔ Ein Blick auf ein Stressmodell
- ✔ Die richtige Balance finden

Sie haben das Wort *Stress* schon tausendmal gehört. Aber wenn Sie es erklären sollen, kommen Sie vielleicht ins Stocken. Intuitiv wissen Sie, was Stress ist, aber es ist nicht leicht, Stress zu erklären. Dieses Kapitel hilft Ihnen, die Frage »Was genau ist Stress?« zu beantworten.

Was ist Stress eigentlich?

Man könnte meinen, dass es relativ einfach ist, Stress zu definieren. Aber selbst den Menschen, die die meiste Zeit ihres Berufslebens damit verbracht haben, Stress zu erforschen, fällt es immer noch schwer, den Begriff zu definieren. Trotz aller Bemühungen gibt es keine zufriedenstellende Definition von Stress. *Stress* zu definieren ist so ähnlich wie *Glück* zu definieren. Jeder weiß, was es ist, aber man kann sich nicht auf eine Definition einigen.

Jetzt aber eine Definition

Vielleicht haben Sie zu den Schülern gehört, die ihre Aufsätze immer mit einer Definition aus dem Lexikon begonnen haben (»Der Brockhaus definiert *Tragödie* als ...«), und Sie müssen *immer noch* mit einer Definition beginnen.

Hier ist sie:

> *Stress ist, was Sie erleben, wenn Sie denken, dass Sie mit einer bedrohlichen Situation nicht richtig umgehen können.*

Das bedeutet, dass Sie immer dann Stress erleiden, wenn Sie mit einem Ereignis oder einer Situation konfrontiert werden, dessen oder deren Bewältigung Sie als Herausforderung betrachten.

Wenn Sie das Ereignis oder die Situation nur als wenig herausfordernd ansehen, werden Sie nur wenig Stress empfinden. Betrachten Sie die Situation jedoch als bedrohlich oder als nicht zu bewältigen, werden Sie wahrscheinlich viel Stress empfinden. Wenn Sie auf einen Bus warten müssen, während Sie alle Zeit der Welt haben, ruft dies nur wenig Stress hervor. Warten Sie aber auf den gleichen Bus und drohen zu spät zu einem Flugzeug zu kommen, das ohne Sie starten wird, dann löst dieselbe Situation sehr viel mehr Stress aus.

Eine einfache Formel

Der Unterschied zwischen den Anforderungen einer Situation und Ihrer Wahrnehmung davon, wie gut Sie mit der Situation umgehen können, bestimmt, wie viel Stress Sie empfinden werden.

Der Psychologe Albert Ellis hat ein Stress-Modell entwickelt. Das ABC-Modell ist tatsächlich so einfach, wie es sich anhört:

- **A** steht für **A***ctivating Event*, also das auslösende Moment oder die potenziell stressende Situation.

- ✔ **B** steht für **B***eliefs*, also Ihre Annahmen, Gedanken oder Wahrnehmungen über **A**.
- ✔ **C** steht für *Emotional* **C***onsequence*, also die emotionale Konsequenz oder den Stress, der aus diesen Annahmen resultiert.

Mit anderen Worten: Eine potenziell stressende Situation→Ihre Wahrnehmung→Ihr Stress (oder kein Stress)

Ein Beispiel, bitte

Denken Sie an eine der weit verbreiteten Ursachen für Stress in unserem Leben: warten zu müssen. Das kann das Warten in einer Schlange an der Supermarktkasse oder am Bankschalter sein oder das Warten auf den Bus, der schon vor 15 Minuten hätte da sein sollen. Warten ist Ihr Teil »A« der Formel. Ob Sie Stress (Ihr »C«) wegen des Wartens empfinden, hängt davon ab, wie Sie die Situation wahrnehmen – von Ihren Gedanken, Ihrem Verhalten und Ihren Interpretationen. Das heißt, Ihr »C« hängt von Ihrem »B« ab.

Die Stresssequenz sieht ungefähr so aus:

A→B→C

Warten müssen→meine Gedanken über das Warten→potenzieller Stress

Es ist der Gedanke, der zählt

Was in der Phase »B« passiert – Ihre Annahmen, Gedanken, Wahrnehmungen und Interpretationen – bestimmt, wie viel Stress Sie empfinden. Wenn Sie in einer Warteschlange stehen und denken: »Das dauert zu lange! Ich hasse es zu warten! Ich hasse Schlangen!«, sind die Chancen groß, dass Sie sich selbst mehr als ein wenig Stress machen. Wenn Sie dagegen denken: »Prima. Jetzt habe ich endlich Zeit, etwas über außerirdische Babys und Gewichtsprobleme von Promis zu lesen.«, würden Sie viel weniger Stress empfinden.

> ***Wann Sie sich gestresst fühlen***
>
> Wenn wir eine Situation oder ein Ereignis als überwältigend oder außerhalb unserer Kontrolle wahrnehmen und denken, dass wir nicht damit umgehen können, empfinden wir Stress.

Stressmanagement: Ein dreistufiger Ansatz

Der dreistufige Ansatz für den Umgang mit Stress bietet Ihnen ein Werkzeug, mit dem Sie Ihren Stress managen und kontrollieren können. Es gibt drei Möglichkeiten zur Stressreduzierung:

Sie können Ihr »A« ändern

Ihr »A« zu ändern bedeutet, Ihre Umgebung zu ändern. Der Verkehr stresst Sie? Fahren Sie früher von zu Hause weg. Hassen Sie enge Termine? Stellen Sie Ihr Projekt früher fertig.

Viele der Stressmanagement-Werkzeuge in diesem Buch sollen Ihnen dabei helfen, die Situationen zu ändern, die die Ursache für Ihren Stress sind. Aber was ist, wenn Sie das nicht können? Was, wenn Sie nicht früher an Ihrem Arbeitsplatz sein können? Was, wenn Sie das Projekt nicht vor dem Abgabetermin fertigstellen können? Dann müssen Sie *sich selbst* ändern.

Sie können Ihr »B« ändern

Auch wenn Sie die Situationen und Ereignisse, die Ihren Stress hervorrufen, nicht entscheidend ändern können, können Sie beeinflussen, wie Sie sie wahrnehmen. Eine Stressmanagement-Fähigkeit ist, Ihre Sicht der Welt zu ändern. Sie werden sehen, dass viel, wenn nicht das meiste Ihres Stressempfindens selbst erzeugt ist, und Sie können lernen, die Dinge anders zu betrachten.

Sie können Ihr »C« ändern

Auch wenn Sie die Situation und die Art, wie Sie die Situation einschätzen, nicht ändern können, können Sie Ihren Stress immer noch managen, indem Sie andere Fähigkeiten perfektionieren. Sie können lernen, wie Sie Ihren Körper entspannen und Ihren Geist beruhigen. Sie können lernen, wie Sie gelassener werden und Ihren Stress ausschalten.

Die richtige Balance finden

Stress ist ein Teil unseres Lebens. Niemand kann ohne Stress durch das Leben gehen, und Sie würden das auch nicht wollen. Sie wollen sicherlich positiven Stress und auch etwas von dem Stress, der einfach zu den Herausforderungen und Enttäuschungen im Leben gehört. Was Sie nicht wollen, ist zu viel Stress in Ihrem Leben oder auch zu wenig Stress. Zu viel (oder zu lange anhaltender) Stress kann sich negativ auswirken und Ihnen die Freude am Leben verderben. Zu wenig Stress heißt, Sie verpassen etwas, riskieren zu wenig.

Die richtige Menge an Stress in Ihrem Leben ist mit der richtigen Spannung einer Saite vergleichbar: Zu viel Spannung und die Saite reißt. Zu wenig Spannung und es gibt keine Musik.

Ich blühe auf unter Stress

»Ich fühle mich am besten, wenn ich unter Druck stehe – ein enger Termin, eine große Krise. Dann fühle ich mich sehr lebendig, sehr vital.« Eine überraschend hohe Anzahl von Leuten sagt, dass sie unter Stress aufblühen. Sie mögen es, herausgefordert zu werden, ihre Fähigkeiten zu erweitern und zu testen. Für diese Menschen ist es positiver Stress, der befriedigend und lohnend sein kann. Viele Menschen, die angeben, unter Stress aufzublühen, sind Workaholics.

Forschungen zeigen, dass Menschen von der Adrenalinausscheidung süchtig werden können, die während einer Stressreaktion stattfindet. Wie andere Suchterscheinungen kann dieser Adrenalinstoß von einigen Leuten als angenehm empfunden werden. Dies könnte das Gefühl des »wirklich lebendig«-Seins erklären, das manche Leute spüren, wenn sie sehr gestresst sind. Die meisten von uns aber könnten sehr gut ohne diesen Kick leben.

Stress erkennen

2

In diesem Kapitel

- ✔ Ihren Stress messen
- ✔ Ihre Startwerkzeuge
- ✔ Hindernisse vermeiden

Wenn Sie Ihren Stress in den Griff bekommen wollen, besteht einer der allerersten Schritte darin zu erfahren, wie gestresst Sie eigentlich sind. Vielleicht denken Sie, dass die Messung von Stress relativ einfach ist. Stimmt nicht: Die Messung Ihres Stresslevels kann kompliziert sein.

Stress ist sowohl ein Reiz als auch eine Reaktion. Er ist das, was auf Ihrem Teller liegt, und auch Ihre Reaktion auf das, was auf dem Teller liegt. Stress erscheint in Form biochemischer und physiologischer Veränderungen in Ihrem Körper.

Es wäre schön, wenn man Sie mit einer Maschine verbinden und Ihren Stresslevel ebenso einfach messen könnte, wie Ihr Arzt Ihren Blutdruck oder Ihre Herzfrequenz misst. Leider ist das nicht der Fall. Aber es ist dennoch möglich, Ihren Stress zu messen.

Im Folgenden stelle ich Ihnen einige relativ einfache Methoden vor, mit denen Sie erfahren können, wie gestresst Sie eigentlich sind.

Ihren Stress messen

Seltsamerweise besteht eine der einfachsten Methoden zur Messung Ihres Stresses darin, sich selbst die einfache Frage zu stellen:

> *»Wie viel Stress empfinde ich zurzeit?«*

In unserer hoch technisierten Welt mag Ihnen diese absolute Low-Tech-Methode für die Messung Ihres Stresslevels wie ein Witz vorkommen. Aber sie ist eine nützliche Methode, Ihren Stresslevel einzuschätzen. Das subjektive Maß für Ihren Stress bietet einige Vorteile. Es misst die Aspekte, von denen Sie denken, dass sie wirklich zu *Ihrem* Stress beitragen. Dabei kann es sich um Angst, Ärger, Muskelverspannung oder andere Symptome handeln. Dieses Maß zeigt auch, wie sich Ihr Stresslevel von Tag zu Tag oder sogar von einem Moment zum anderen ändern kann.

Benutzen Sie einen Stresspegel

Um Ihnen zu helfen, Ihren Stresslevel herauszufinden, schlage ich vor, dass Sie eine einfache 10-Punkte-Skala verwenden, die es Ihnen ermöglicht, Ihren Stresslevel zu messen.

10	
9	Ich fühle mich extrem gestresst.
8	
7	
6	Ich fühle mich mäßig gestresst.
5	

4	
3	
2	Ich fühle mich nur wenig gestresst.
1	
0	Ich fühle mich gar nicht gestresst.

Der Nutzen dieser Skala wird sich Ihnen bald erschließen.

Andere Wege, Ihren Stress zu messen

Um Ihren Stress besser einschätzen zu können, ist eine möglichst objektive Messung Ihres Stresslevels sinnvoll. Es gibt Zeiten, in denen Sie Stress erleben, sich dessen aber nicht bewusst sind. Dann ist eventuell eine Fragebogenmethode angemessen.

Sie finden hier zwei Methoden, die Ihnen ein gültiges und zuverlässiges Maß für Ihren Stresslevel zeigen. Wenn Sie gerade nicht in der Stimmung sind, Fragebögen auszufüllen, können Sie diesen Abschnitt jetzt überspringen und später zurückblättern. Aber vergessen Sie diesen Fragebogen nicht. Diese Methode ist sinnvoll, um Ihren Stress besser verstehen zu können.

Wenn Sie sich diese Fragebögen von Zeit zu Zeit wieder vornehmen, können Ihre Ergebnisse etwas darüber aussagen, wie gut Sie die in diesem Buch vorgestellten Stressmanagement-Techniken und -Strategien beherrschen.

Die Stresssymptome-Skala

Diese Liste gibt Ihnen Aufschluss über Ihren Stresslevel, indem Sie die Anzahl und die Schwere Ihrer stressbedingten

Symptome und Verhaltensweisen erkennen. Beurteilen Sie die Häufigkeit, mit der Sie jeden der Punkte erlebt haben. Blicken Sie auf die letzten *zwei Wochen* zurück und verwenden Sie diese vier Abstufungen:

- ✔ 0 = nie
- ✔ 1 = manchmal
- ✔ 2 = oft
- ✔ 3 = sehr oft

Erschöpfung oder Müdigkeit ______

Herzklopfen ______

Schneller Pulsschlag ______

Verstärktes Schwitzen ______

Schnelle Atmung ______

Schmerzender Nacken oder schmerzende Schultern ______

Rückenschmerzen ______

Zähneknirschen oder -zusammenbeißen ______

Pickel oder Hautausschläge ______

Kopfschmerzen ______

Kalte Hände oder Füße ______

Engegefühl in der Brust ______

Übelkeit ______

Durchfall oder Verstopfung ______

Magenprobleme ______

Nägel kauen ______

Nervöse Zuckungen __________

Schwierigkeiten beim Schlucken oder trockener Mund __________

Erkältungen oder Grippe __________

Fehlende Energie __________

Zu viel Essen __________

Gefühl der Hilflosigkeit oder Hoffnungslosigkeit __________

Übermäßiger Alkoholkonsum __________

Übermäßiges Rauchen __________

Übermäßiges Geldausgeben __________

Missbrauch von Drogen oder Medikamenten __________

Gefühl der Belastung __________

Nervosität oder Ängstlichkeit __________

Erhöhte Gereiztheit __________

Sorgen __________

Ungeduld __________

Depression __________

Mangelndes sexuelles Interesse __________

Wut __________

Schlafstörungen __________

Vergesslichkeit __________

Rasende oder störende Gedanken __________

Gefühl der Rastlosigkeit __________

Konzentrationsstörungen __________

Weinkrämpfe	________
Regelmäßige Abwesenheit vom Arbeitsplatz	________
Ihre Gesamtpunktzahl Stresssymptome	________

Was Ihre Punktzahl bedeutet:

Je höher Ihre Punktzahl, desto mehr Stresssymptome nehmen Sie wahr. Eine größere Häufigkeit und/oder Intensität von stressbedingten Symptomen und Verhaltensweisen ist mit einem höheren Stresslevel verbunden. Tabelle 2.1 hilft Ihnen, Ihren Stresslevel zu bestimmen:

Ihre Punktzahl	Ihr relatives Ergebnis
0 bis 19	Niedriger als der Durchschnitt
20 bis 39	Durchschnitt
40 bis 49	Etwas höher als der Durchschnitt
50 und höher	Viel höher als der Durchschnitt

Tabelle 2.1: Bestimmen Sie Ihren Stresslevel

Viele der genannten Symptome und Verhaltensweisen können andere Ursachen als Stress haben. Viele körperliche Beschwerden ähneln denen, die unter Stress zu beobachten sind. Hält eines Ihrer Symptome an und/oder macht es Ihnen Sorgen, sollten Sie mit einem Arzt sprechen. Ihr Arzt kann Ihnen am besten sagen, was die Symptome bedeuten und was Sie dagegen tun sollten.

Wissen, woher Ihr Stress kommt

Die folgende Skala hilft Ihnen, nicht nur den Stress zu beurteilen, den Sie empfinden, sondern auch herauszufinden, woher dieser Stress kommt. Wichtige Punkte im Fragebogen sind unter anderem umfassende Änderungen in Ihrem Leben sowie drückende Probleme, Sorgen und Bedenken. Sie haben folgende Antwortmöglichkeiten:

- ✔ k = kein Stress
- ✔ w = wenig Stress
- ✔ e = etwas Stress
- ✔ v = viel Stress

Konflikte in Ihrer Ehe oder Beziehung	________
Sorgen um Ihre Kinder	________
Sorgen um Ihre Eltern	________
Druck von anderen Familienmitgliedern	________
Tod eines geliebten Menschen	________
Gesundheitliche Probleme oder Sorgen	________
Finanzielle Sorgen	________
Bedenken in Bezug auf Beruf/Karriere	________
Änderungen Ihrer Lebensumgebung	________
Bedenken wegen aktueller Wohnung oder Nachbarschaft	________
Verantwortung für den Haushalt	________
Anforderungen von Beruf und Familie	________
Beziehungen zu Freunden	________
Wenig Zeit für sich selbst	________
Bedenken wegen des Privatlebens	________
Bedenken bezüglich Ihres Aussehens	________

Probleme mit Ihren Eigenschaften oder Gewohnheiten	________
Langeweile	________
Gefühl der Einsamkeit	________
Gefühl des Älterwerdens	________

Ihr Werkzeug gegen Stress

Denken Sie daran, dass dieser Test nicht entwickelt wurde, um Ihnen ein Maß Ihres Stresslevels an die Hand zu geben. Er ist eher ein Werkzeug, mit dem Sie Stresssituationen in Ihrem Leben ausmachen und die Auswirkung beurteilen können, die sie auf Ihr Leben haben.

Die wichtigsten Werkzeuge sammeln

Hier finden Sie einfach anzuwendende Stressmanagement-Werkzeuge, mit deren Hilfe Sie Ihre Stressmanagement-Fähigkeiten ausbauen können.

Einige dieser Werkzeuge sollen Sie dabei unterstützen, den anhaltenden Stress in Ihrem Leben im Auge zu behalten und dessen Menge zu bestimmen. Andere helfen Ihnen, Ihren Stress zu identifizieren und zu verstehen. All diese Werkzeuge erleichtern Ihnen die Anwendung der Stressmanagement-Ansätze und -Techniken, die ich in späteren Kapiteln darstelle.

Ein einfaches Stresstagebuch führen

Um Ihren Stress wirksam managen zu können, muss Ihnen bewusst werden, wann Sie sich gestresst fühlen, und Sie müssen die Ursachen für diesen Stress identifizieren können. Ein Stresstagebuch hilft Ihnen dabei.

Altmodisch, aber nützlich

Ihr Tagebuch zeigt Ihnen sehr genau, wann Sie Stress empfunden haben, und betont die Situationen oder Umstände, die diesen Stress auslösten. Ihr Tagebuch erinnert Sie daran, dass Sie handeln und eines oder mehrere Ihrer Stressmanagement-Werkzeuge anwenden sollten.

Wenn Sie Ihre Stresssituationen über einen längeren Zeitraum aufzeichnen, können Sie am besten ein umfassendes Stressmanagement-Programm aufstellen, das die verschiedenen Strategien gegen Stress vereint.

Auch nachdem Sie Ihr Stressmanagement-Programm beendet haben, sollten Sie Ihren Stress weiter kontinuierlich überwachen.

Tabelle 2.2 zeigt, wie ein Teil einer Seite in Ihrem Stresstagebuch aussehen könnte.

Zeit	**Mein Stressauslöser (Bedeutung)**	**Meine Stressreaktion (Stresslevel)**
7.45 Uhr	Konnte meine Schlüssel nicht finden	Verärgert, genervt (4)
9.30 Uhr	U-Bahn blieb 10 Minuten stehen	Verärgert (3)
11.30 Uhr	Brief von der Bank, dass der Dispo überschritten wurde	Verwirrt, besorgt (6)
12.30 Uhr	Abgabetermin für Projekt erhalten	Besorgt und ängstlich (8)

Tabelle 2.2: Tag: Mittwoch, 29. November 2006

Wenn Sie sich nicht sicher sind, was mit *Bedeutung* und *Stresslevel* gemeint ist, zerbrechen Sie sich nicht den Kopf. Die Begriffe erkläre ich gleich.

Finden Sie Ihre Stressbalance

Wenn Sie Ihre Stressbalance bestimmen, können Sie schnell herausfinden, ob Sie auf Stress überreagieren.

Ihre Stressbalance zu kennen hilft Ihnen außerdem, aus dem Lot geratene Perspektiven wieder zurechtzurücken. Diese Technik ist unbezahlbar, und Sie können sie jederzeit und überall anwenden. Folgen Sie einfach den Schritten in den nächsten drei Abschnitten.

Schritt 1: Beurteilen Sie Ihren Stresslevel

Beurteilen Sie zunächst die *Stressmenge*, die Sie in einer besonders stressigen Situation empfinden, über diese 10-Punkte-Skala:

10	
9	Ich war extrem gestresst.
8	
7	
6	Ich war mäßig gestresst.
5	
4	
3	
2	Ich war nur ein wenig gestresst.
1	
0	Ich war gar nicht gestresst.

Der Begriff *gestresst* bezieht sich hier auf jede der vielen Formen von Stress – Frustration, Verbitterung, Verwirrung, Gereiztheit, Sorgen, Ärger, Traurigkeit, Enttäuschung.

Schritt 2: Beurteilen Sie die relative Bedeutung der Stresssituation

Versuchen Sie, wenn Sie Stress empfinden, die Ursache Ihres Stresses zu identifizieren, und beurteilen Sie ihre *relative Bedeutung* auf einer ähnlichen 10-Punkte-Skala.

10	
9	Sehr wichtig
8	
7	
6	Mäßig wichtig
5	
4	
3	
2	Nicht so wichtig
1	
0	Gar nicht wichtig

Ihre Skala bestimmen

Um das richtige Gefühl für die Skala zu bekommen, denken Sie an drei sehr bedeutende Stresssituationen, die Sie erlebt haben oder erleben könnten. Diese werden mit 9 und 10 beurteilt und sind die wichtigen, lebensverändernden Ereignisse, die jeder befürchtet und die Menschen Angst machen.

Wenn es Ihnen schwerfällt, sich hier etwas vorzustellen, denken Sie an den Tod eines geliebten Menschen, eine lebensbedrohende Krankheit, Arbeitslosigkeit, chronische Schmerzen oder Ähnliches. Diese Ereignisse erhalten die Bedeutung 9 oder 10.

Schritt 3: Beurteilen Sie Ihre Stressbalance

Fragen Sie sich nun: »Entspricht der Stress, den ich empfinde, der Bedeutung der Situation?« Falls nicht, sind Sie aus der Balance geraten. Ihr Stresslevel ist nicht angemessen.

Bleiben Sie doch auf dem Teppich

Wenn Sie wissen, dass Sie aus dem Gleichgewicht geraten sind, wissen Sie, dass Sie in einer Situation überreagieren. Ihr Stresslevel ist höher, als er sein müsste, und Sie machen sich selbst mehr Stress als notwendig.

Testen Sie Ihre Stressbalance

Wie würden Sie die Bedeutung und Ihren geschätzten Stresslevel beurteilen, wenn Sie sich in den Situationen wiederfinden würden, die in Tabelle 2.3 dargestellt sind?

Situation	Bedeutung	Stresslevel
Fahrstuhl kaputt, Sie müssen die Treppen nehmen.		
Der Verkäufer bedient zuerst jemand anderen, obwohl Sie als Erster da waren.		
Jemand bremst Sie auf der Autobahn aus.		
Der Kellner braucht ewig, um Sie zu bedienen.		
Sie verpassen knapp Ihren Zug nach Hause, aber der nächste wird bald kommen.		
Sie verlieren Ihren Hausschlüssel.		

Tabelle 2.3: Ihre Stressbalance testen

Wenn Sie aus dem Gleichgewicht geraten sind, machen Sie sich wahrscheinlich mehr Stress als nötig. Die folgenden Kapitel zeigen Ihnen, wie Sie Ihr Gleichgewicht zurückgewinnen und Ihren Stresslevel senken können.

Der Ansatz mit den drei As

Vielleicht brauchen Sie für Ihr Stressmanagement eine Methode, über die Sie Ihren Stress erkennen können. Das, was ich als den Dreimal-A-Ansatz für Stressmanagement bezeichne, ist eine nützliche und einfache Methode, mit der Sie ein Programm zur Stressreduzierung planen können.

Die drei As bedeuten:

- ✔ **Achtgeben:** Sich bewusst werden, wie Ihr Stress aussieht und woher er kommt.
- ✔ **Analyse:** Die besten Methoden bestimmen, um diesen Stress zu managen. Zu Ihren Möglichkeiten gehören die Änderung der Situation und der Umstände und die Änderung des eigenen Verhaltens – wie Sie auf einen bestimmten Stressauslöser reagieren – oder möglicherweise beides.
- ✔ **Aktion:** Was Sie gegen Ihren Stress tun. Sie könnten Entspannungsübungen durchführen, wirksamer delegieren, meditieren, ausschlafen oder eine der Techniken einsetzen, die in diesem Buch beschrieben werden.

Ziel ist es, Ihre Fähigkeiten so auszubauen, dass Sie den Stress in Ihrem Leben kontrollieren können.

Menschen sind verschieden

Für den einen bedeutet die ideale Entspannung, in der Karibik am Strand zu liegen, mit einer Pina Colada in der Hand. Für einen anderen besteht ein entspannender Urlaub aus Museumsbesuchen.

Einige Menschen sind wie Hasen, andere Schildkröten. Was für den einen funktioniert, funktioniert für den anderen noch lange nicht.

Die Vorstellung, 20 Minuten lang zu meditieren, erfüllt Sie vielleicht nicht mit Begeisterung. Wenn Ihnen eine Technik nicht gefällt, werden Sie sie nicht benutzen wollen. Sie sollten sich einen Werkzeugkasten zusammenstellen, der Ihnen und Ihrem Lebensstil entspricht.

Einige der in diesem Buch vorgestellten Ansätze klingen womöglich etwas befremdlich. Vielleicht mögen Sie keine Atemübungen. Aber vielleicht sind Sie angenehm überrascht, wenn Sie feststellen, wie beruhigend und entspannend sie sind.

Übung macht den Meister

Die meisten Methoden verlangen etwas Übung, um sie erfolgreich durchzuführen. Obwohl die Übungen leicht verständlich sind, müssen Sie eine bestimmte Übung oder Technik oft wiederholen, bis sie die gewünschte Wirkung zeigt und Sie davon profitieren.

Suchen Sie sich ein ruhiges Plätzchen

Sie brauchen einen Ort, an dem Sie diese Übungen durchführen können: vielleicht Ihr Büro, wenn die Tür geschlossen ist, vielleicht Ihr Schlafzimmer. Oder Ihr Auto, wenn Sie im Verkehr steckenbleiben oder auf dem Weg zur Arbeit sind.

Halten Sie durch!

Geben Sie nicht zu schnell auf. Fahrrad und Auto fahren lernen braucht Zeit. Warum sollte es weniger Mühe wert sein zu lernen, wie Sie den Stress in Ihrem Leben managen?

Suchen Sie sich einen Stresskumpel

Manchmal ist es schwer, etwas allein tun zu müssen. Abnehmen, zum Sport gehen, mit dem Rauchen aufhören, all das ist einfacher, wenn Sie es mit einem Freund tun. Das Gleiche gilt auch für Stressmanagement. Versuchen Sie, einen Freund dafür zu interessieren, mit Ihnen den Stress zu bekämpfen. Er kann Sie sanft anspornen, zu üben und Ihre neuen Fähigkeiten täglich einzusetzen.

Erwarten Sie keinen Erfolg über Nacht

Seien wir ehrlich. Sie haben Jahre gebraucht, um Ihre Stress produzierenden Verhaltensweisen und Muster zu entwickeln. Glücklicherweise braucht es viel weniger Zeit, diese Muster zu ändern, aber es braucht dennoch Zeit.

Sie müssen Ihre Verhaltensweisen und Einstellungen sowie Ihren Lebensstil und Ihre Arbeitsweise ändern. Machen Sie einen Schritt nach dem anderen.

Der Ein-Minuten-Körpercheck

Eine ganz einfache Methode, mit deren Hilfe Sie körperliche Verspannungen erkennen können, nenne ich den *Ein-Minuten-Körpercheck*. Der Clou dabei besteht darin, Spannung selbst zu erzeugen und zu sehen, wie sich das anfühlt.

Schließen Sie Ihre Augen und prüfen Sie, ob Sie Muskelverspannungen in Ihrem Körper wahrnehmen können. Fragen Sie sich selbst:

- ✔ Ist meine Stirn gerunzelt?
- ✔ Sind meine Augenbrauen zusammengezogen?
- ✔ Beiße ich die Zähne zusammen?
- ✔ Sind meine Lippen geschürzt?
- ✔ Ziehe ich meine Schultern hoch?
- ✔ Sind meine Arme angespannt?
- ✔ Sind meine Oberschenkel- und Wadenmuskeln angespannt?
- ✔ Sind meine Zehen eingerollt?
- ✔ Bemerke ich andere körperliche Beschwerden?

Mit ein wenig Übung werden Sie in der Lage sein, Ihren Körper in weniger als einer Minute durchzuchecken und Ihre Verspannungen schnell zu finden.

Teil II

Verspannungen lösen

»Nein, Klaus hält nicht viel von Sport. Ungefähr alle drei Jahre bringen wir ihn zum Arzt und lassen seine Muskeln chirurgisch lockern.«

In diesem Teil ...

... zeige ich Ihnen zunächst, wie Sie die physischen Symptome von Stress behandeln. Sie werden erfahren, wie Sie Ihre körperlichen Verspannungen analysieren und mit einer besseren Atmung und leichten Entspannungsübungen Verkrampfungen lösen und Stress reduzieren.

Verspannungen erkennen 3

In diesem Kapitel

- Verstehen Sie die Auswirkungen von Verspannungen
- Beurteilen Sie, wie angespannt Sie sind
- Machen Sie einen kurzen Körpercheck

Wenn Sie unter Stress stehen, ziehen sich Ihre Muskeln zusammen und spannen sich an. Mit dieser Muskelanspannung bereitet die Natur Sie darauf vor, mit einer Bedrohung umzugehen – sie ist Teil einer Kampf- oder Fluchtreaktion. Ihr Körper ist jetzt bereit zu kämpfen. Leider kann diese Muskelanspannung auch von weniger lebensbedrohlichen Situationen hervorgerufen werden.

Muskelverspannungen können zu stressbedingten Zuständen und Störungen führen. Zum Glück können Sie Ihre Verspannung lösen, bevor sie wirklich Schaden anrichtet.

Stress kann auf die Nerven gehen (und das ist nur der Anfang)

Hier finden Sie eine kurze – und unvollständige – Liste einiger Auswirkungen, die Verspannungen auf Ihren Körper haben. Leider kennen wir viele dieser Symptome nur allzu gut.

- Nackenschmerzen
- Kopfschmerzen
- Magenkrämpfe

- Rückenschmerzen
- Zusammengebissene Zähne, schmerzende Kinnmuskeln
- Schmerzende Schultern
- Muskelkrämpfe
- Zittern und Zucken

Diese Symptome sind nur äußerlich sichtbar. In Ihrem Körper geschehen andere Veränderungen, die durch Verspannung hervorgerufen werden.

Hier einige Beispiele dafür, was still und leise in Ihrem Körper vorgeht, wenn Sie sich verspannt fühlen:

- Ihr Blutdruck steigt.
- Ihre Magensäfte werden saurer.
- Ihr Cholesterinspiegel steigt.
- Ihr Blut gerinnt schneller.

Komisch, ich fühle mich nicht verspannt

Vielleicht wissen Sie gar nicht, wann Ihr Körper verspannt ist. Sie gewöhnen sich so sehr an die Verspannung, dass Sie es gar nicht bemerken, wenn Sie verspannt sind. Der Trick besteht darin, sich einer Verspannung des Körpers bewusst zu werden, bevor sie sich aufbaut und Schaden anrichtet. Sich in den eigenen Körper einzufühlen verlangt etwas Übung.

Der nächste Abschnitt zeigt Ihnen eine einfache Technik, mit der Sie Verspannungen erkennen können, bevor sie zu einem größeren Problem werden.

Der Körpercheck

Diese einfache Ein-Minuten-Übung ist bestens geeignet, um Verspannungen in Ihrem Körper aufzudecken. Suchen Sie sich einen Ort, an dem Sie sich bequem hinsetzen oder hinlegen können und ungestört sind (siehe Abbildung 3.1). Untersuchen Sie Ihren Körper auf Muskelverspannungen. Beginnen Sie mit Ihrem Kopf und arbeiten Sie sich hinunter bis zu den Zehen. Fragen Sie sich:

- ✔ Ist meine Stirn gerunzelt?
- ✔ Sind meine Augenbrauen zusammengezogen?
- ✔ Beiße ich die Zähne zusammen?
- ✔ Ziehe ich meine Schultern hoch?
- ✔ Sind meine Arme verspannt?
- ✔ Sind meine Oberschenkel- und Wadenmuskeln verspannt?
- ✔ Sind meine Zehen eingerollt?
- ✔ Bemerke ich andere körperliche Beschwerden?

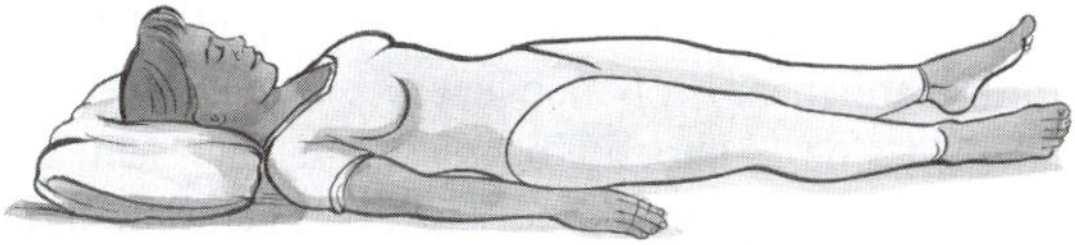

Abbildung 3.1: Eine gute Position für einen Körpercheck

Mit etwas Übung können Sie in weniger als einer Minute Ihre Verspannungen schnell finden. Versuchen Sie, diesen Körpercheck drei- bis viermal täglich durchzuführen. Mit dieser Übung können Sie sich Stress bewusst zu machen. Wenn Sie Stresssymptome entdecken, werden Sie natürlich auch etwas dagegen unternehmen wollen.

Ihre Verspannungen wegatmen

Wenn Sie Ihre Atmung kontrollieren, können Sie körperliche Verspannungen lösen. Und diese Methode hilft Ihrem Körper auch, gar nicht erst verspannt zu werden.

Ihr Atem ist in Ordnung. Es ist Ihre Atmung, die schlecht ist.

Sie denken wahrscheinlich nicht über Ihre Atmung nach, weil Sie das Atmen als natürlichen Prozess empfinden. Aber Sie sollten wissen: Es gibt auch »falsche Atmung«.

Richtiges Atmen ist eine der einfachsten und besten Methoden zur Lösung von Verspannungen und zum Abbau von Stress.

Sie sind vielleicht ein *Brust-und-Schulter-Atmer* und bringen Luft in Ihre Lunge, indem Sie Ihren Brustraum erweitern und Ihre Schultern anheben. Ihr Bauch bewegt sich dabei weniger stark. Vielleicht sind Sie auch ein *Atemhalter*, der seine Atmung stoppt, wenn er abgelenkt oder in Gedanken versunken ist.

Beide Arten zu atmen sind nicht effektiv und produzieren Stress. Und wenn Sie unter Stress stehen, verschlechtert sich Ihre Atmung noch mehr. Sie fühlen sich noch gestresster, wenn Ihre Atmung einmal aus dem Lot geraten ist.

Ein Blick unter die Motorhaube

Ihre Atmung versorgt Ihren Körper mit Sauerstoff und entfernt Abfallstoffe – hauptsächlich Kohlendioxid – aus Ihrem Blut. Dieser Gasaustausch ist Aufgabe Ihrer Lunge. Die Lunge hat für die Atmung jedoch keine eigenen Muskeln. Der Hauptmuskel, der für richtige Atmung notwendig ist, ist Ihr Zwerchfell. Das Zwerchfell ist ein kuppelförmiger Muskel, der Ihre Brusthöhle von Ihrer Bauchhöhle trennt und als flexibler Boden für Ihre Lungenflügel agiert.

Wenn Sie einatmen, flacht Ihr Zwerchfell nach unten ab, macht mehr Platz in Ihrer Brusthöhle und erlaubt es den Lungenflügeln, sich zu füllen. Wenn Sie ausatmen, kehrt Ihr Zwerchfell in seine ursprüngliche Kuppelform zurück. Die Zwerchfell- oder Bauchatmung ist die beste Art, Sauerstoff und Kohlendioxid auszutauschen.

Ihr Zwerchfell arbeitet automatisch, aber Sie können den Prozess außer Kraft setzen, besonders wenn Sie unter Stress stehen. Und dann können Probleme auftauchen. Zu oft vernachlässigen Sie Ihr Zwerchfell, wenn Sie atmen, und greifen in den korrekten Austauschprozess der Gase in Ihrem System ein, was zu größerer Verspannung, Müdigkeit und zu mehr Stress führen kann.

Warum soll ich das jetzt ändern? Ich atme doch schon seit Jahren!

Wenn Sie sich gestresst fühlen, atmen Sie schneller und flacher. Wenn Sie so atmen, reagiert Ihr Körper:

- ✔ Weniger Sauerstoff erreicht Ihren Blutkreislauf.
- ✔ Ihre Blutgefäße verengen sich.
- ✔ Weniger Sauerstoff erreicht Ihr Gehirn.
- ✔ Ihre Herzfrequenz und Ihr Blutdruck steigen.
- ✔ Sie fühlen sich schwach, zittrig und angespannt.

Ihre Atmung beurteilen

Machen Sie diesen einfachen Test, um festzustellen, ob Ihre Atmung dazu beiträgt, Ihren Stress zu reduzieren.

1. **Legen Sie sich auf den Rücken.**
2. **Legen Sie die rechte Hand auf Ihren Bauch und die linke Hand auf Ihre Brust, wie in Abbildung 3.2.**

Abbildung 3.2: Beurteilen Sie Ihre Atmung

Versuchen Sie, bewusst zu atmen. Wenn Sie richtig atmen, hebt und senkt sich die Hand auf Ihrem Bauch rhythmisch, während Sie einatmen und ausatmen. Die Hand auf Ihrer Brust sollte sich nur wenig bewegen, und wenn sich die Hand hebt, sollte dies nach dem Anheben Ihres Bauches geschehen.

Nehmen Sie sich Zeit, um mit Ihrer Atmung zu experimentieren. Wenn Sie all die Jahre nicht richtig geatmet haben, braucht eine Veränderung etwas Zeit. Beurteilen Sie Ihre Atmung nicht danach, wie tief Sie atmen oder wie flach Sie Ihr Zwerchfell werden lassen können. Schließlich wollen Sie Ihren Stress vermindern, nicht erhöhen.

Ändern Sie Ihre Atmung – und fühlen Sie sich wohler

Die Änderung Ihrer Atemtechnik kann dazu führen, dass Sie sich wohler fühlen. Folgende Übungen zeigen Ihnen, wie Sie Ihre Atmung ändern können.

Atmung für Anfänger

Hier erfahren Sie, wie es funktioniert, mit richtiger Atmung Stress entgegenzuwirken:

1. **Legen oder setzen Sie sich bequem hin, legen Sie eine Hand auf Ihren Bauch und die andere Hand auf Ihre Brust.**

2. **Atmen Sie durch Ihre Nase ein. Beobachten Sie, wie sich die Hand auf Ihrem Bauch hebt und die Hand auf Ihrer Brust sich fast gar nicht bewegt.**

3. **Während Sie langsam einatmen, zählen Sie leise bis 3.**
4. **Während Sie ausatmen, zählen Sie langsam bis 4 und fühlen Sie, wie die Hand auf Ihrem Bauch sich langsam senkt.**

Machen Sie eine kurze Pause vor Ihrem nächsten Atemzug. Wiederholen Sie die Übung einige Minuten und wann immer Sie Gelegenheit dazu haben.

Für Fortgeschrittene: Tief einatmen

Tiefe Atemzüge (oft *Zen-Atmung* genannt) helfen Ihnen, tiefer und wirksamer zu atmen und Ihre Lungenkapazität auszunutzen.

1. **Legen Sie sich bequem auf Ihr Bett oder auf einen Teppich.**

   Halten Sie Ihre Knie leicht angewinkelt und leicht gegrätscht. Schließen Sie Ihre Augen, wenn Sie wollen.

2. **Legen Sie eine Hand auf Ihren Bauch in die Nähe des Bauchnabels und die andere Hand auf Ihre Brust, sodass Sie der Bewegung Ihrer Atmung folgen können.**

   Versuchen Sie, sich zu entspannen. Lockern Sie alle Verspannungen, die Sie in Ihrem Körper fühlen.

3. **Beginnen Sie langsam durch Ihre Nase einzuatmen, füllen Sie zuerst den unteren Teil Ihrer Lunge, dann die Mitte und danach den oberen Teil Ihres Brustkorbs.**

   Wenn Sie einatmen, fühlen Sie, wie sich Ihr Zwerchfell nach unten drückt und Ihr Bauch sich langsam ausweitet, um Raum für die neu eingeatmete Luft zu machen.

Beachten Sie, wie sich die Hand auf Ihrem Bauch etwas hebt. Die Hand auf Ihrer Brust sollte sich nur wenig bewegen, und wenn sie es tut, erst nach der Hand auf Ihrem Bauch. Arbeiten Sie nicht mit Ihren Schultern, um Ihre Atmung zu unterstützen.

4. **Atmen Sie langsam durch Ihre geöffneten Lippen aus und leeren Sie Ihre Lunge von oben nach unten.**

   Erzeugen Sie einen Zischlaut, während die Luft durch Ihre Lippen weicht und beachten Sie, wie sich die Hand auf Ihrem Bauch senkt.

5. **Machen Sie eine kurze Pause, und wiederholen Sie diese Übung mit einem neuen Atemzug.**

   Fahren Sie mit dieser Atmung etwa zehn Minuten fort – auf jeden Fall so lange, bis Sie sich entspannter und ruhiger fühlen. Üben Sie diese Technik täglich, wenn Sie können. Probieren Sie diese Übung auch im Sitzen und Stehen.

Mit etwas Übung wird diese Form der Atmung natürlicher und passiert automatisch. Nach einiger Zeit und mehreren Wiederholungen der Atemübung werden Sie meist so atmen.

Probieren Sie die »Bauchnabel-Ballon«-Atmung

Sie können leichter, tiefer und regelmäßiger atmen, wenn Sie sich einen Ballon vorstellen.

1. **Stellen Sie sich vor, dass Ihr Magen durch einen kleinen Ballon – etwa in der Größe einer Grapefruit – er-**

setzt wird, der sich gerade unterhalb Ihres Bauchnabels befindet, wie in Abbildung 3.3.

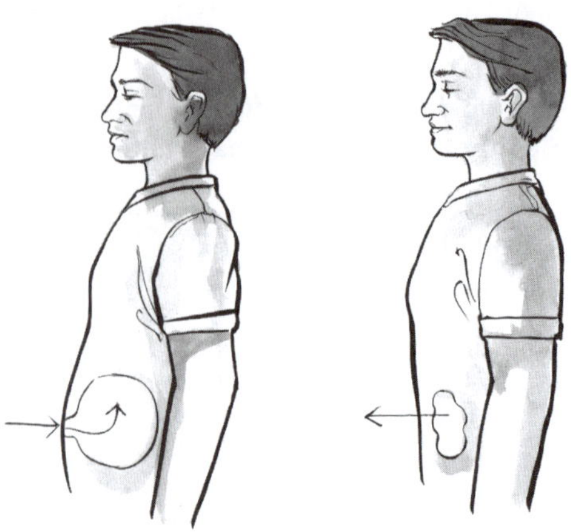

Abbildung 3.3: Die Ballon-Atmung

2. **Wenn Sie durch Ihre Nase einatmen, stellen Sie sich vor, dass Sie durch Ihren Bauchnabel einatmen und diesen vormals leeren Ballon aufblasen.**

   Der Ballon ist klein, blasen Sie ihn also nicht zu fest auf. Während der Ballon größer wird, beachten Sie, wie Ihr Bauch sich hebt.

3. **Atmen Sie langsam durch Ihre Nase aus und stellen Sie sich wieder vor, dass die Luft durch Ihren Bauchnabel weicht.**

   Ihr Ballon kehrt nun langsam und sanft in seinen ursprünglichen Zustand zurück.

4. **Machen Sie eine kurze Pause, bevor Sie das nächste Mal einatmen, wiederholen Sie die Übung und blasen Sie Ihren Ballon langsam und sanft auf.**

   Wiederholen Sie diese Übung so oft Sie können.

Notfallatmung

Richtig zu atmen ist einfach, wenn Sie auf Ihrem Bett liegen oder es sich vor dem Fernseher bequem machen. Aber wie steht es mit Ihrer Atmung, wenn Sie in einem Stau stecken, einen Abgabetermin haben oder beim Zahnarzt sind? Sie brauchen eine andere Form der Atmung. Folgendes können Sie tun:

1. **Atmen Sie langsam durch Ihre Nase ein, machen Sie einen sehr tiefen Zwerchfellatemzug, der Ihre Lunge und Ihre Backen füllt.**
2. **Halten Sie diesen Atem etwa sechs Sekunden.**
3. **Atmen Sie *langsam* durch Ihre leicht geöffneten Lippen aus, lassen Sie *alle* Luft aus Ihrer Lunge weichen.**

Machen Sie eine kurze Atempause und dann einige »normale« Atemzüge.

Wiederholen Sie die Schritte zwei- bis dreimal und fahren Sie dann mit dem fort, was Sie gerade gemacht haben. Diese Form des tiefen Atmens sollte Sie in einen entspannten Zustand versetzen.

Der erfrischende Gähner

Gähnen wird normalerweise mit Langeweile in Verbindung gebracht. Durch Gähnen signalisiert Ihr Körper aber auch, dass er unter Stress leidet. Gähnen hilft, Stress zu lösen.

Wenn Sie gähnen, gelangt mehr Luft – und damit mehr Sauerstoff – in Ihre Lunge und belebt Ihren Blutkreislauf. Außerdem werden Verspannungen gelöst, wenn Sie den Klagelaut herauslassen, der mit dem Gähnen einhergeht. Leider bevorzugen die meisten Menschen eher zurückhaltende Gähner.

Wenn Sie beim nächsten Mal merken, dass Sie gähnen müssen, tun Sie's einfach. Öffnen Sie Ihren Mund weit und atmen Sie tiefer ein, als Sie es normalerweise tun würden. Lassen Sie diesen Atem bis tief in Ihren Bauch hinunter. Atmen Sie durch den Mund aus und entleeren Sie Ihre Lunge vollständig. Genießen Sie das Gefühl!

Gerade stehen

Ihre Mutter hatte Recht! Wenn Sie unter Stress stehen, neigen Sie dazu, die Schultern hochzuziehen, was zu einer schlechten Haltung führt. Sie atmen dann weniger tief und versagen Ihrem Körper die angemessene Versorgung mit Sauerstoff. Ihre Muskeln spannen sich an.

Wenn Sie gerade stehen oder sitzen, kehren Sie diesen Prozess um. Sie müssen sich nicht wie ein Soldat beim Appell hinstellen, um eine schlechte Haltung zu korrigieren. Wenn Sie übertreiben, produzieren Sie wahrscheinlich ebenso viel Verspannung wie vorher. Vermeiden Sie einfach, dass Ihre Schultern nach vorne hängen.

Durch Anspannung zu Entspannung 4

In diesem Kapitel

- ✔ Progressive Muskelentspannung nutzen
- ✔ Den Körper spannen, um zu entspannen

Nachdem Sie die Kunst des Atmens durch die Übungen in den vorherigen Abschnitten gemeistert haben, sind Sie bereit für eine andere Methode zur Entspannung Ihres Körpers.

Eine gute Entspannungstechnik ist von der *Progressiven Muskelentspannung* oder *Tiefenentspannung der Muskeln* abgeleitet. Diese Methode basiert auf der Annahme, dass Sie nicht wissen, wie sich Ihre Muskeln anfühlen, wenn sie angespannt sind. Wenn Sie Ihre Muskeln absichtlich anspannen, können Sie erkennen, wie sich die Anspannung anfühlt und identifizieren, welche Muskeln diese Anspannung erzeugen.

Wie funktioniert die Progressive Muskelentspannung?

Sie beginnen mit der Progressiven Muskelentspannung, indem Sie einen bestimmten Muskel oder eine Muskelgruppe (Ihre Arme, Beine, Schultern) anspannen. Sie halten diese Spannung der Muskeln etwa zehn Sekunden und entspannen die Muskeln dann wieder.

Wenn Sie die wichtigsten Muskelgruppen angespannt und wieder entspannt haben, werden Sie sich entspannt, ruhig und viel weniger gestresst fühlen.

Folgende Ratschläge dienen als Vorbereitung für ausführlichere Anweisungen zur Muskelanspannung und -entspannung weiter hinten in diesem Kapitel.

1. **Legen oder setzen Sie sich so bequem wie möglich hin und schließen Sie Ihre Augen.**

   Suchen Sie sich einen ruhigen Ort mit gedämpftem Licht, der Ihnen etwas Privatsphäre bietet.

2. **Spannen Sie die Muskeln eines bestimmten Körperteils an.**

   Spannen Sie Ihre rechte Hand und Ihren rechten Arm an. Machen Sie eine Faust. Während Sie Ihre Hand zur Faust ballen, achten Sie auf die Anspannung und Anstrengung in Ihrer Hand und Ihrem Unterarm. Ohne diese Anspannung zu lösen, beugen Sie Ihren rechten Arm und spannen Sie Ihren Bizeps an.

Übertreiben Sie nicht

Wenn Sie eine Muskelgruppe anspannen, tun Sie dies nicht mit voller Kraft. Beschränken Sie sich auf etwa Dreiviertel Ihres Leistungsvermögens. Wenn es Ihnen weh tut, lockern Sie die Spannung, und wenn die Schmerzen dann immer noch nicht nachlassen, verschieben Sie die Übung auf ein anderes Mal.

3. **Halten Sie die Anspannung in dem Körperteil etwa sieben Sekunden.**

4. **Lösen Sie die Spannung relativ schnell, sodass Ihre Muskeln schlaff werden.**

   Achten Sie darauf, wie sich Ihre Hand und Ihr Arm anfühlen. Achten Sie darauf, wie es sich anfühlt, wenn Sie Ihre Muskeln anspannen beziehungsweise entspannen.

5. **Wiederholen Sie die Schritte 1 bis 4 für die gleiche Muskelgruppe.**

6. **Fahren Sie mit einer anderen Muskelgruppe fort.**

   Wiederholen Sie die Schritte 1 bis 4, jedes Mal für eine andere Muskelgruppe. Fahren Sie mit Ihrer linken Hand und Ihrem linken Arm fort und arbeiten Sie sich dann durch die wichtigsten Muskelgruppen, die in den folgenden Abschnitten beschrieben werden.

Ihr Gesicht und Ihren Kopf entspannen

Runzeln Sie Ihre Stirn, indem Sie Ihre Augenbrauen so hoch heben wie Sie können. Halten Sie diese Spannung etwa fünf Sekunden. Entspannen Sie Ihre Stirnmuskeln anschließend.

Spannen Sie nun Ihre Kinnmuskeln an, indem Sie fest auf Ihre Backenzähne beißen und gleichzeitig ein Lächeln erzwingen. Halten Sie diese unbequeme Position etwa fünf Sekunden, entspannen Sie dann Ihr Kinn und lassen Sie Ihren Unterkiefer leicht hängen.

Abschließend pressen Sie Ihre Lippen fest zusammen. Halten Sie diese Spannung etwas, entspannen Sie dann und öffnen Sie Ihre Lippen leicht.

Beachten Sie nun, wie entspannt sich Ihr Gesicht und Ihre Hände anfühlen. Genießen Sie dieses Gefühl und intensivieren Sie es, indem Sie alle verbleibenden Spannungen um Ihren Mund und Ihre Lippen lösen.

Ihren Nacken und Ihre Schultern entspannen

Beugen Sie Ihren Kopf vor, als wollten Sie Ihre Brust mit Ihrem Kinn berühren. (Sie werden es wahrscheinlich tun.) Fühlen Sie die Anspannung in Ihren Nackenmuskeln. Halten Sie diese Spannung. Bewegen Sie nun leicht Ihren Kopf, erst zur einen Seite, dann zur anderen. Beachten Sie die Spannung an den Seiten Ihres Nackens. Entspannen Sie nun und lassen Sie Ihren Kopf in eine bequemere Position zurückkehren. Genießen Sie die Entspannung.

Ziehen Sie nun Ihre Schultern hoch, als wollten Sie Ihre Ohren damit berühren. Halten Sie diese Position, fühlen Sie die Anspannung (wieder etwa fünf Sekunden) und lassen Sie Ihre Schultern dann in eine bequeme, entspannte Position fallen.

Achten Sie auf das Gefühl der Entspannung, das durch Ihre Schultern und Ihren Nacken strömt.

Ihren Rücken entspannen

Krümmen Sie Ihren Rücken, aber seien Sie vorsichtig, dass Sie nicht übertreiben. Halten Sie diese Spannung einige Sekunden und führen Sie dann Ihre Schultern und Ihren Rücken in eine bequemere, entspannte Position.

Ihre Beine und Ihre Füße entspannen

Setzen oder legen Sie sich hin und heben Sie Ihren rechten Fuß, sodass Sie die Anspannung in Ihrem Oberschenkel und Ihrem Po fühlen. Drücken Sie gleichzeitig Ihre Ferse nach außen und zeigen Sie mit Ihren Zehen zu Ihrem Kopf, wie in Abbildung 4.1. Halten Sie die Spannung, achten Sie darauf, wie sie sich anfühlt, und lösen Sie sie dann, indem Sie Ihr Bein auf das Bett oder den Boden fallen lassen und alle Anspannung lösen. Wiederholen Sie diese Übung mit Ihrem anderen Bein oder Fuß.

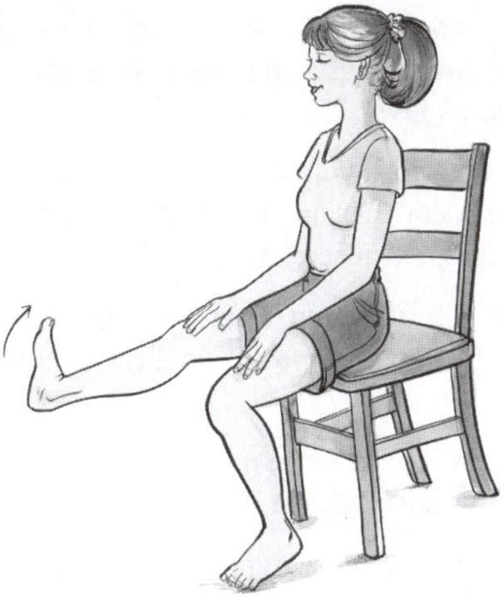

Abbildung 4.1: So entspannen Sie Ihre Füße und Beine

Ihren Magen entspannen

Atmen Sie tief ein, halten Sie den Atem an und spannen Sie die Muskeln in Ihrem Magen an. Stellen Sie sich vor, dass Sie sich auf einen Schlag in Ihren Magen vorbereiten. Halten Sie diese Spannung und lösen Sie sie anschließend.

Anspannung total

Wenn Sie nur wenig Zeit haben, können Sie eine Kurzversion der Progressiven Muskelentspannungsübung anwenden. Diese Technik fasst alle Einheiten der Muskelanspannung- und -entspannung zusammen. Stellen Sie sich diese Übung als ein gigantisches Anspannen vor.

Um diese Übung machen zu können, müssen Sie zuerst die schrittweise Version beherrschen. Der Erfolg dieser schnellen Entspannung hängt von Ihrer Fähigkeit ab, Muskelspannungen schnell zu erzeugen und zu lösen.

Setzen oder legen Sie sich bequem hin. Wählen Sie dafür einen Raum, der Ihnen Ruhe bietet. Spannen Sie nun alle unten aufgelisteten Muskelgruppen gleichzeitig an:

- ✔ Ballen Sie beide Hände zu Fäusten, beugen Sie beide Arme und spannen Sie Ihre Bizepsmuskeln gleichzeitig an.
- ✔ Heben Sie beide Beine, bis Sie einen mäßigen Grad von Anspannung und Unbequemlichkeit spüren.
- ✔ Ziehen Sie Ihr Gesicht zusammen, schließen Sie Ihre Augen, pressen Sie Ihre Augenbrauen zusammen, beißen

Sie Ihre Zähne zusammen, pressen Sie Ihre Lippen aufeinander.

- ✔ Bringen Sie Ihre Schultern so nah an Ihre Ohren wie Sie können, während Sie Ihre Magenmuskeln anspannen.

Halten Sie diese »totale Anspannung« etwa fünf Sekunden und entspannen Sie dann, indem Sie alle Spannungen auf einmal lösen. Lassen Sie Ihre Beine auf den Boden oder das Bett fallen, Ihre Arme auf die Seite und führen Sie den Rest Ihres Körpers in eine entspannte Position zurück. Wiederholen Sie diese Übung zu verschiedenen Tageszeiten.

Strecken Sie Ihren Stress weg

Strecken ist eine der Methoden, mit denen sich Ihr Körper auf natürliche Art und Weise von überschüssiger Körperanspannung befreit. Wenn Sie am Morgen aufwachen oder kurz bevor Sie am Abend zu Bett gehen, fühlen Sie automatisch das Bedürfnis, sich zu strecken. Aber sich einmal so richtig zu strecken, kann auch zu anderen Zeiten viel Verspannung in Ihrem Körper lösen. Vielleicht sind Sie an einen Schreibtisch gebunden oder müssen während des Tages längere Zeit sitzen, wodurch sich Ihre Muskeln anspannen und verengen. Gewöhnen Sie sich daran, eine oder mehrere der grundlegenden Streckübungen auszuführen und machen Sie mehrmals am Tag eine »Streckpause«. Katzen tun dies, Hunde tun dies, warum nicht auch Sie?

Nachfolgend finden Sie zwei Streckübungen, mit denen Sie eine ganze Menge überschüssiger Anspannung loswerden können. Sie sind einfach und sollten nicht allzu viele Kommentare oder Witze von Freunden oder Kollegen hervorrufen.

- **Der Twist.** Diese Streckübung ist gut für Ihren Oberkörper. Setzen oder stellen Sie sich hin, legen Sie beide Hände hinter Ihren Kopf und schließen Sie Ihre Finger zusammen. Bewegen Sie Ihre Ellbogen aufeinander zu, bis Sie eine mäßige Anspannung spüren. Drehen Sie Ihren Körper nun leicht, erst ein paar Sekunden nach rechts, dann langsam nach links. Wenn Sie fertig sind, lassen Sie Ihre Arme auf Ihre Seite fallen.
- **Beine heben.** Diese Streckübung ist gut für den unteren Teil Ihres Körpers. Setzen Sie sich auf einen Stuhl und heben Sie beide Beine an, bis Sie eine angenehme Spannung in ihnen spüren. Halten Sie diese Anspannung und bewegen Sie Ihre Zehen, sodass sie zu Ihrem Kopf zeigen. Halten Sie diese Stellung etwa zehn Sekunden lang und lassen Sie dann Ihre Beine auf den Boden fallen. Wenn es Ihnen etwas zu unbequem ist, diese Übung mit beiden Beinen zu machen, versuchen Sie es erst mit einem Bein.

Strecken Sie langsam und übertreiben Sie nicht. Sie wollen Ihre Muskeln entspannen und nicht quälen.

Teil III

Geist und Körper

The 5th Wave By Rich Tennant

»Ich suche jemanden, der mich so liebt, wie ich denke, wie ich bin.«

In diesem Teil ...

Um vollkommene Entspannung zu verspüren, müssen Sie nicht nur Ihren Körper entspannen, auch Ihr Geist muss zur Ruhe kommen. In diesem Teil erfahren Sie, wie Sie durch mentale Übungen Ihren Geist beruhigen und zu innerer Balance gelangen. Nutzen Sie autogenes Training und Meditation, um sich frischer und lebendiger zu fühlen.

Ihren Geist beruhigen 5

In diesem Kapitel

- Entspannung mit Hilfe der Vorstellungskraft
- Ungewollte Gedanken stoppen
- Ein Ausflug in das autogene Training

Für viele Menschen, und vielleicht sind Sie einer von ihnen, nimmt Stress die Form psychischer Störungen an. Sie merken, dass Ihr Kopf voll störender Gedanken ist, die es Ihnen unmöglich machen, sich entspannt und zufrieden zu fühlen.

Vielleicht machen Sie sich Sorgen über Ihre Arbeit, Ihre Beziehungen, Ihre Finanzen oder einfach nur darüber, wie Sie all die Dinge in Ihrem Terminkalender bewältigen können. Was auch immer die Ursache für Ihre Sorgen ist, Sie werden nicht eher entspannen können, bis Sie dieses mentale Chaos beseitigt – oder zumindest eingeschränkt – haben.

Sie können Ihren Geist entspannen, indem Sie Ihren Körper entspannen. (Werfen Sie einen Blick in die vorherigen Kapitel für einige physische Entspannungsübungen.) Aber es gibt auch andere Wege, Ihre Gedanken zu zähmen und Ihren unruhigen Geist zu beruhigen. Dieses Kapitel zeigt Ihnen, wie das funktioniert.

Lenken Sie sich ab

Ablenkung ist eine der einfachsten Methoden, um Ihren Geist zu beruhigen.

Das mag sich trivial anhören, aber Sie glauben nicht, wie häufig diese Möglichkeit übersehen wird. Psychologen wissen, dass es sehr schwer ist, sich auf zwei Dinge gleichzeitig zu konzentrieren. Wird Ihr Kopf von störenden Gedanken überflutet, suchen Sie etwas anderes, über das Sie nachdenken können.

Hier einige Möglichkeiten zur Ablenkung:

- ✔ Gehen Sie ins Kino.
- ✔ Lesen Sie ein Buch, eine Zeitung oder eine Zeitschrift.
- ✔ Reden Sie mit einem Freund.
- ✔ Treiben Sie Sport.
- ✔ Vertiefen Sie sich in ein Projekt oder Hobby.
- ✔ Hören Sie sich Ihre Lieblingsmusik an.

Fünf Zeichen dafür, dass Ihr Geist gestresst ist

Nachfolgend finden Sie einige Anzeichen, die darauf hinweisen, dass Ihr Geist Überstunden macht. Prüfen Sie, wie viele Hinweise auf Sie zutreffen.

- ✔ Ihre Gedanken scheinen zu rasen.
- ✔ Es fällt Ihnen schwer, Ihre Gedanken zu kontrollieren.
- ✔ Sie sind besorgt, reizbar oder verärgert.
- ✔ Sie sind häufiger gedankenverloren, und es fällt Ihnen schwer, sich zu konzentrieren.
- ✔ Es fällt Ihnen schwer, einzuschlafen oder wieder einzuschlafen, wenn Sie aufgeweckt wurden.

Stell dir vor

Wenn Sie den stressenden Gedanken durch etwas Entspannendes ersetzen können, werden Sie sich wahrscheinlich viel besser fühlen. So geht es:

1. **Suchen Sie sich einen Ort, an dem Sie einige Minuten nicht gestört werden, und machen Sie es sich bequem.**
2. **Denken Sie an ein Bild – einen Ort, eine Szene oder eine Erinnerung –, das Sie entspannt.**

   Abbildung 5.1 zeigt ein Beispiel.

   Versuchen Sie, diese Szene zum Leben zu erwecken. Fragen Sie sich: Was sehe ich? Was kann ich hören? Was kann ich riechen? Was kann ich fühlen?

Abbildung 5.1: Ist das nicht entspannend?

3. **Lassen Sie sich von Ihrem Bild einnehmen, um vollkommen zu entspannen.**

»Hört sich gut an«, sagen Sie, »aber was ist mein entspannendes Bild?« Versuchen Sie, eine der folgenden mentalen Reisen zu machen (Flugticket inklusive):

- ✔ **Reise in die Karibik:** Sie liegen am Strand in der Karibik. Sie spüren, wie die warme Brise Ihren Körper streichelt. Sie hören die Wellen des Ozeans rauschen und die tropischen Vögel in den Palmen zwitschern.
- ✔ **Urlaub am Pool:** Sie liegen auf einer Luftmatratze und treiben auf dem Wasser eines schönen Swimmingpools. Der Himmel ist tiefblau, die Sonne wärmt Ihren Körper und Sie fühlen das sanfte Schaukeln der Luftmatratze auf dem Wasser.
- ✔ **Ein Wintertraum:** Sie sind in einer Hütte in den Bergen. Eine liebe Person ist bei Ihnen, und Sie liegen beide vor einem prasselnden Kaminfeuer. Sanfte Musik spielt im Hintergrund. Sie trinken heißen Kakao, Glühwein oder Sekt.
- ✔ **Eine schöne Erinnerung:** Erinnern Sie sich an eine Szene aus Ihrer Kindheit oder an einen Moment, in dem Sie glücklich und zufrieden waren.

Stoppen Sie Ihre Gedanken

Manchmal reicht es nicht, sich abzulenken, um den Geist zu beruhigen. Manchmal brauchen Sie stärkere Maßnahmen, um Sorgen zu beseitigen.

Vielleicht haben Sie eine Sorge, die sich immer wieder in Ihre Gedanken schleicht und Sie davon abhält, einen Abend mit Ihren Freunden zu genießen. Vielleicht versuchen Sie einzuschlafen, und die Gedanken, die in Ihrem Kopf umherrasen, machen Schlaf unmöglich.

Es würde Ihnen besser gehen, wenn Sie irgendwie aufhören könnten, darüber nachzudenken. Aber wie?

Die Technik *Gedankenstopp* ist eine effektive Methode, um Sorgen und Ärgernisse zeitweise aus Ihren Gedanken zu entfernen. Sie kann verhindern, dass sie wiederkehren.

Und so funktioniert diese Technik:

1. **Achten Sie auf Ihre Gedanken.**

   Wenn Ihnen ein besorgter Gedanke durch den Kopf geht, treten Sie mental einen Schritt zurück und erkennen Sie, dass dies ein unerwünschter Gedanke ist.

2. **Malen Sie ein Stoppschild.**

   Stellen Sie sich in Gedanken ein Stoppschild vor. Machen Sie Ihr Stoppschild groß und lebendig.

3. **Rufen Sie sich im Kopf still das Wort »Stopp!« zu.**

4. **Wiederholen Sie es noch einmal.**

   Jedes Mal, wenn der sorgende Gedanke wieder auftaucht, stellen Sie sich Ihr Stoppschild vor und rufen Sie »Stopp!«.

5. **Suchen Sie einen Ersatzgedanken.**

Tauschen Sie das störende Bild gegen ein angenehmes aus.

Die Technik wird Ihre Gedankenfolge unterbrechen und den unerwünschten Gedanken zeitweise aus Ihrem Geist entfernen. Wenn Ihr Stress produzierender Gedanke oder Ihr Bild sehr stark ist, können mehrere Wiederholungen dieser Technik erforderlich sein, um ihn zu mildern oder zu entfernen. Bleiben Sie am Ball.

Der Trick mit dem Gummiband

Eine Variation des Gedankenstopps ist die Verwendung eines Gummibands, um die Präsenz eines störenden Gedankens zu unterbrechen. Nehmen Sie ein Gummiband und legen Sie es sich um Ihr Handgelenk. Immer wenn Sie merken, dass ein unerwünschter Gedanke von Ihnen Besitz ergreift, ziehen Sie an dem Gummiband und lassen es gegen Ihr Handgelenk schnipsen. Das sollte nicht schmerzhaft sein, sondern nur eine scharfe Erinnerung, dass Sie diesen störenden Gedanken ziehen lassen wollen.

Lassen Sie die Band aufspielen

Musiktherapeuten wissen, dass Musik zu Veränderungen in Ihrem Körper führen kann: Ihr Herzschlag und Ihre Atmung verlangsamen sich, und Ihr Blutdruck sinkt. Aber nicht jede Musik hat diese Wirkung. Manche Musik kann Sie aufregen und noch mehr stressen. Andere Musikstücke wiederum gefallen Ihnen, haben aber trotzdem keine beruhigende Wirkung.

Hier finden Sie eine kleine Liste von Komponisten und Kompositionen, die Ihren Puls verlangsamen sollten.

- ✔ **Bach:** Richtig beruhigend ist die Air aus der Suite No. 3 in D-Dur.
- ✔ **Händel:** Wassermusik
- ✔ **Chopin:** Nocturnes
- ✔ **Schubert:** Symphonie Nr. 8 in h-Moll
- ✔ **Mozart:** Klavierkonzert Nr. 21
- ✔ **Beethoven:** Pastorale

Kein Klassikfan?

Natürlich ist nicht nur klassische Musik entspannend. Bach und Mozart wirken bei Ihnen wahrscheinlich nicht so wie Charles Mingus, wenn Sie ein Jazzfan sind. Auch andere Musikstile können beruhigend sein. Finden Sie heraus, was für Sie entspannend ist.

Wenn Sie das Geräusch von Wellen mögen, kein Problem. Oder wie wäre es mit einem tropischen Regenwald? Vielleicht empfinden Sie das Geräusch des Regens auf einem Dach oder eines rauschenden Baches als beruhigend. Sie haben die Wahl.

Gerüche

Ihre Ohren sind nicht der einzige Weg zu mentaler Entspannung. Ihre Nase kann ebenso gut funktionieren.

Die Menschen benutzen seit Jahrhunderten Gerüche, um Stress und Anspannungen zu lösen.

Ein Duft kann Gefühle der Ruhe und Gelassenheit auslösen. Die *Aromatherapie* konzentriert sich darauf, über den Geruchssinn emotionale Veränderungen zu erreichen.

Untersuchungen legen nahe, dass es eine Verbindung zwischen Geruch und Stimmung gibt. Der Teil des Gehirns, der Gerüche wahrnimmt, könnte mit dem Teil des Gehirns verbunden sein, der Gefühle registriert. Hier einige alltägliche Gerüche, die Sie ausprobieren sollten.

- Vanille-Extrakt
- Frisch Gebackenes
- Seifen, Handcremes, Badeöle
- Frisch gekochter Kaffee
- Duftkerzen

»Ätherische Öle« mit therapeutischer Wirkung

Einige der gängigsten Öle, die einen entspannten, beruhigenden Zustand hervorrufen, sind Lavendel, Rose, Jasmin, Kamille, Orangenblüten, Vanille, Bergamotte, Geranie und Sandelholz. Häufig können Sie Öle kombinieren, um ein neues, entspannendes Aroma zu erhalten.

Einige Öle können direkt inhaliert werden, während andere besser wirken, wenn sie Ihrem Bad hinzugefügt werden. Manche Öle können Sie direkt auf Ihren

Körper auftragen, andere hingegen können Allergien auslösen. Bestimmte Öle sollten Sie während einer Schwangerschaft vermeiden. Am besten holen Sie sich den Rat eines Experten, bevor Sie experimentieren.

Entspannung durch autogenes Training

Ein wichtiger Ansatz für körperliche Entspannung ist das *autogene Training*, oder kurz *AT*. Der Begriff *autogen* bedeutet aus sich selbst entstehend oder selbst wirkend.

Ziel des autogenen Trainings ist es, Ihr autonomes Nervensystem (unter anderem Ihren Herzschlag, Ihren Blutdruck und Ihre Atmung) zu regulieren statt Ihre Muskeln zu entspannen. Beim autogenen Training benutzen Sie Ihren Geist, um den Stress in Ihrem Körper zu regulieren.

Autogenes Training basiert auf der Kraft der Suggestion, die physische Veränderungen in Ihnen in Gang setzen soll. Diese *Suggestionen* sind Bilder, die Ihr Unterbewusstsein aufnimmt und an Ihren Körper übermittelt. Die Vorstellung bestimmter Veränderungen in Ihrem Körper führt diese Veränderungen herbei. Das Ergebnis ist ein tiefes Gefühl der Entspannung.

Autogenes Training mag sehr geheimnisvoll klingen, ist es aber nicht. Wenn Sie die Technik beherrschen, ist das autogene Training eine sehr wirksame Methode, sich in einen entspannten Zustand zu versetzen.

1. **Machen Sie es sich bequem.**

   Suchen Sie sich einen ruhigen, nicht zu heißen und nicht zu kalten Ort. Sie können sich hinsetzen oder hinlegen, aber sorgen Sie dafür, dass sich Ihr Körper in einer gut abgestützten und bequemen Position befindet. Versuchen Sie, langsam und gleichmäßig zu atmen.

2. **Konzentrieren Sie sich.**

   Damit diese Übung wirksam ist, müssen Sie eine offene Haltung passiver Konzentration einnehmen. Sie sollten aufmerksam sein und nicht einschlafen, aber Sie sollten Ihren Geist nicht zu sehr arbeiten lassen. Seien Sie sich Ihres Körpers und Ihres Geistes bewusst, aber analysieren Sie nichts bewusst und machen Sie sich keine Gedanken darüber, wie gut Sie sind.

3. **Verschiedene Körperteile fühlen sich nach und nach warm und schwer an.**

   Konzentrieren Sie sich zuerst auf Ihren rechten Arm. Sagen Sie nun *langsam* und *leise* zu sich:

   Ich bin ruhig ... Mein rechter Arm ist warm ... und schwer ... Mein rechter Arm ist warm ... und schwer ... Ich kann fühlen, wie die Wärme und Schwere in meinen rechten Arm fließen ... Ich fühle, wie mein rechter Arm wärmer wird ... und schwerer ... Ich fühle, wie mein rechter Arm wärmer wird ... und schwerer ... Ich bin ruhig ... Ich bin ruhig.

   Nehmen Sie sich Zeit, das Gefühl in Ihrem Arm und Ihrer Hand bewusst wahrzunehmen. Beachten Sie, wie Ihr

Arm tatsächlich wärmer und schwerer wird. Genießen Sie die Veränderungen, die Ihr Körper nun erlebt.

Ihre Vorstellungskraft einsetzen? Sie werden wärmer!

Vielleicht finden Sie beim autogenen Training heraus, dass die Suggestion von Wärme und Schwere für Sie nicht wirksam ist. Sie brauchen ein anderes Bild, um die Verspannung in Ihrem Körper zu lösen. Hier ein paar Bilder, die Gefühle von Wärme und Schwere auslösen können.

- ✔ **Aufheizen:** Stellen Sie sich vor, dass der in Frage kommende Körperteil in ein Heizkissen eingepackt ist.
- ✔ **Ein heißes Bad:** Stellen Sie sich vor, dass Sie Ihren Arm oder Ihr Bein in sehr warmes Wasser tauchen.
- ✔ **Infrarot:** Stellen Sie sich ein wärmendes Infrarotlicht vor, das auf einen bestimmten Teil Ihres Körpers gerichtet ist.
- ✔ **Heavy Metal:** Stellen Sie sich Gewichte vor, die an Ihrem Arm, Ihrem Bein oder einem anderen Körperteil angebracht sind.

4. **Nachdem Sie die Sätze beendet haben, bleiben Sie etwa 30 Sekunden lang ruhig und entspannt. Konzentrieren Sie sich dann auf Ihren linken Arm.**

   Wiederholen Sie die gleichen Sätze, ersetzen Sie dabei diesmal »rechter Arm« durch »linker Arm«.

5. **Gehen Sie zu weiteren Teilen Ihres Körpers.**

Konzentrieren Sie sich auf andere Bereiche, wiederholen Sie die gleichen Sätze, aber setzen Sie andere Teile Ihres Körpers ein. Hier die Abfolge: rechter Arm, linker Arm, beide Arme, rechtes Bein, linkes Bein, beide Beine, Nacken und Schultern, Brust und Bauch und abschließend Ihr gesamter Körper.

Eine Übung sollte nicht länger als etwa eine halbe Stunde dauern. Wenn Sie zwei oder drei autogene Übungen in Ihren Tag einbauen können, umso besser. Sie brauchen vielleicht ein wenig Zeit, um diese Methode zu beherrschen, aber die Ergebnisse sind der Mühe wert.

»All diese Entspannung spannt mich an«

Ob Sie es glauben oder nicht, Sie werden vielleicht feststellen, dass Entspannungsübungen stressig sein können, zumindest am Anfang.

Die Änderung Ihrer Atemmuster, die Anspannung und Entspannung Ihrer Muskeln und das Erlernen autogener Übungen können einige seltsame Nebenwirkungen haben. Sie spüren eventuell ein Kribbeln oder ein Gefühl der Rastlosigkeit und, paradoxerweise, eine *Steigerung* Ihrer Verspannung. Dies ist nicht ungewöhnlich, und obwohl es verwirrend sein kann, sehen Sie es nicht als ein Zeichen dafür, dass Sie etwas falsch machen. Wenn Sie vertrauter damit werden, wie Ihr Körper sich in einem höchst entspannten Zustand anfühlt, werden diese Empfindungen verschwinden.

Nichts tun: Meditation ist gut für Sie

6

In diesem Kapitel

- Keine Angst vor Meditation
- Mit fernöstlicher Methode zu Ruhe und Ausgeglichenheit

Wahrscheinlich werden Sie etwas argwöhnisch, wenn Sie ein Meditationsseminar besuchen sollen. Dennoch haben Sie wahrscheinlich schon einmal meditiert. Vielleicht war Ihnen nicht bewusst, dass Sie es getan haben, aber wenn Ihr Geist ruhig und konzentriert ist und Sie nicht über eine Million Dinge nachdenken müssen, tun Sie etwas, das der Meditation sehr nahe kommt.

Ost trifft West

Menschen im Fernen Osten – besonders die, die sich bestimmten religiösen oder philosophischen Glaubensrichtungen verschreiben – haben Meditation seit Tausenden von Jahren praktiziert. Sie nutzen Meditation als ein Mittel, nach innerem Frieden, Erleuchtung und Harmonie zu suchen.

Meditation hat in der westlichen Welt jedoch keine derartige Akzeptanz gefunden und wird oft als fremd empfunden.

Aber in den letzten Jahren haben Forscher begonnen, die positiven Auswirkungen der Meditation zu enthüllen. Seitdem erfreuen sich Prinzipien der Meditation auch in der westlichen Welt immer größerer Beliebtheit.

Was kann Meditation für mich tun?

Meditation kann Ihnen helfen, Ihren Geist und Ihren Körper zu entspannen, Gedanken auszuschalten und weniger Stress zu empfinden.

Mit etwas Übung sollten Sie sich nach der Meditation ausgeruht, erneuert und voll neuer Energie fühlen. Meditation ermöglicht Ihnen größere Kontrolle über Ihre Gedanken, Sorgen und Ängste. Sie ist eine Fähigkeit, die Ihnen, wenn Sie sie einmal beherrschen, während Ihres ganzen Lebens gute Dienste leisten kann.

Vorbereitung zum Meditieren

Hier eine Schritt-für-Schritt-Anleitung, mit der Sie sich auf die Meditation vorbereiten können. Denken Sie daran, dass es viele Wege der Meditation gibt. Diese Vorschläge helfen Ihnen, sich auf die Übungen vorzubereiten, die in diesem Kapitel besprochen werden.

1. **Suchen Sie sich einen ruhigen Ort, an dem Sie ungestört sind.**

   Kein Telefon, kein Fernsehen – nichts.

2. **Finden Sie eine bequeme Sitzposition, vielleicht so, wie in Abbildung 6.1 gezeigt.**

   Für einen Neuling ist es nicht optimal, sich in eine yogiartige Hockstellung nach Art der Schlangenbeschwörer zu begeben. Denken Sie daran, dass Sie etwa 15 bis 20 Minuten in einer Stellung bleiben werden.

3. **Konzentrieren Sie sich auf ein Geräusch, ein Wort, ein Gefühl, ein Bild, ein Objekt oder einen Gedanken.**

4. **Halten Sie Ihre Konzentration.**

   Wenn Sie sich in der Meditation konzentrieren, kommen Ihnen vielleicht störende Gedanken oder Bilder in den Sinn und lenken Sie ab. Akzeptieren Sie diese Tatsache: kein Ärger, keine Gereiztheit, keine Selbstanklage.

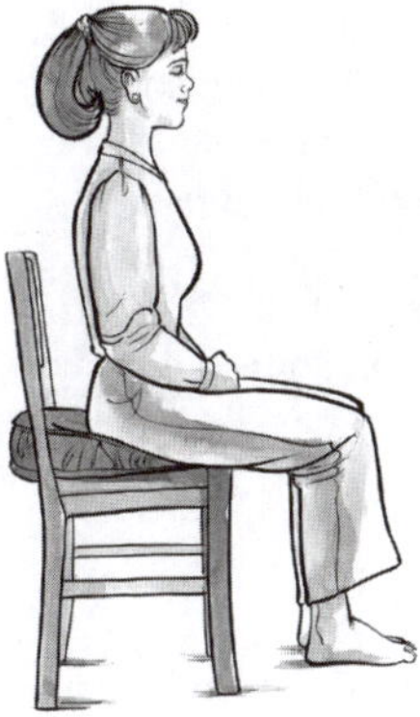

Abbildung 6.1: In einer entspannten, bequemen Position sitzen

Versuchen Sie, nicht an die Zeit zu denken. Meditieren Sie etwa 15 bis 20 Minuten lang. Wenn Sie länger meditieren wollen, gut. Wenn Sie merken, dass es Ihnen unbequem wird, können Sie unterbrechen und es

zu einer anderen Zeit noch einmal versuchen. Denken Sie daran, dass dies eine Übung ohne Druck ist.

Wenn Sie alles vorbereitet haben, können Sie mit Ihrer Meditation beginnen. Zwar gibt es vielen Formen der Meditation, aus denen Sie eine auswählen können, aber die am häufigsten benutzten sind die Atem-Zähl-Meditation und die Meditation mit einem Mantra.

Einfach erstaunlich

Untersuchungen von Menschen, die ernsthaft meditieren, haben bemerkenswerte Erkenntnisse ergeben. Wer regelmäßig Meditation übt, kann relativ schnell in einen Zustand tiefer Entspannung sinken, und manche können sogar extreme Schmerzen und hohen Stress tolerieren. Einige Menschen können durch Meditation ihre Herzfrequenz auf überraschend niedrige Werte bringen – ihre Atmung verlangsamt sich, und die Sauerstoffaufnahme wird reduziert. Geübte Anhänger der Meditation können ihre Körpertemperatur radikal ändern.

Meditatives Atmen

Die Atem-Zähl-Meditation ist eine der grundlegenden und meistverbreiteten Formen der Meditation.

Und so geht's:

1. **Setzen Sie sich bequem hin.**

   Sie können sich auf den Boden oder auf einen Stuhl setzen. Halten Sie Ihren Rücken gerade und Ihren Kopf hoch.

2. **Schließen Sie Ihre Augen und suchen Sie nach Anspannungen.**

   Überprüfen Sie Ihren Körper auf Anspannungen mit Hilfe der Ein-Minuten-Körpercheck-Technik, die ich in Kapitel 3 beschrieben habe, und lösen Sie dann alle Anspannungen.

3. **Atmen Sie entspannt.**

   Entspannen Sie sich durch einige Bauchatemzüge (Atmung über Ihr Zwerchfell). Atmen Sie langsam und tief durch Ihre Nase.

4. **Konzentrieren Sie sich auf Ihre Atmung.**

   Ihre Atmung wird nun das Objekt Ihrer Konzentration. Wenn Sie einatmen, zählen Sie diesen Atemzug als »1«. Zählen Sie den nächsten als »2« und fahren Sie fort, bis Sie bei 10 angelangt sind. Dann starten Sie wieder bei 1.

5. **Wenn Sie feststellen, dass sich ein störender Gedanke oder ein störendes Bild einschleicht, lassen Sie es gehen und kehren Sie zum Zählen zurück.**

   Fahren Sie etwa 20 Minuten lang mit dieser Übung fort und machen Sie sie zweimal täglich.

Am häufigsten beklagen sich Meditationsneulinge über ständig störende Gedanken, vor allem zu Beginn der Meditation. Auch an Tagen, an denen sie keinen großen Druck verspüren, fallen ihnen eine Million Dinge ein.

Das ist normal. Machen Sie diese Übung nicht zu einem Test Ihrer Konzentrationsfähigkeit. Es mag einige Zeit dauern, bis es Ihnen gelingt, sich ohne Ablenkungen zu konzentrieren.

Meditation mit einem Mantra

Eine beliebte Form der Meditation ist die Meditation mit einem Mantra. Ein *Mantra* ist ein Ton oder ein Wort, das Sie wiederholen. Es kann Ihnen dabei helfen, Ihren Geist zu konzentrieren und Ablenkungen zu vermeiden.

Nachdem Sie Ihr Mantra ausgewählt haben (siehe Kasten »Psst, suchen Sie ein gutes Mantra?«), sind Sie bereit, es in der Praxis anzuwenden:

1. **Setzen Sie sich auf den Boden oder auf einen Stuhl.**

   Vermeiden Sie alle Ablenkungen. Schließen Sie Ihre Augen und entspannen Sie sich, so gut Sie können.

2. **Beginnen Sie mit einigen tiefen Atemzügen und versuchen Sie, Ihren Geist von den Mühen und Sorgen des Tages zu befreien.**

   Denken Sie daran, nicht nur mit Ihrer Brust zu atmen. Atmen Sie so lange, bis Sie merken, dass Sie sich entspannter fühlen. (Etwa zehn Atemzüge sollten reichen.)

3. **Machen Sie einen Körpercheck, um zu sehen, ob sich irgendwo Anspannungen verstecken.**

4. **Konzentrieren Sie sich auf Ihre Atmung und beginnen Sie, Ihr Mantra zu wiederholen, entweder still oder leise singend.**

Versuchen Sie dabei, das Wort im Geiste zu sehen, und wiederholen Sie Ihr Mantra immer wieder. Suchen Sie einen Rhythmus, der für Sie bequem ist.

Machen Sie diese Übung etwa 20 Minuten und versuchen Sie, so viele Meditationssitzungen wie möglich in Ihre Woche einzubauen.

Psst, suchen Sie ein gutes Mantra?

Das Wort Mantra stammt aus dem Indischen: »man« bedeutet »denken«, und »tra« bedeutet »befreien«. Mantras haben oft eine oder zwei Silben, zum Beispiel *om*, was »Ich bin« bedeutet, oder *so-ham*, was »Ich bin er« bedeutet. Ihr Mantra kann auch ein beruhigendes Wort wie »Frieden«, »Liebe« oder »Ruhe« sein. Was auch immer Sie sich einfallen lassen, wählen Sie ein Wort (oder einen Ton), das eine beruhigende Wirkung auf Sie hat.

Wenn Sie sich für zusätzliche Informationen über Mantras und für Meditation im Allgemeinen interessieren, werfen Sie einen Blick in das Buch *Meditation für Dummies*, erschienen bei Wiley-VCH.

Zeit für Kurzmeditationen finden

Jemand fragte einmal einen Meditationslehrer: »Wie lange sollte ich meditieren?« »Etwa 20 Minuten lang«, antwortete der weise Mann und fügte schnell hinzu: »Aber fünf Minuten tatsächlicher Meditation sind besser als 20 Minuten der Meditation, die Sie planen, aber nicht durchführen.«

Mir ist klar, dass Sie vielleicht nicht zweimal pro Tag 20 Minuten Zeit haben, um in einer ruhigen Ecke friedlich zu meditieren. Und auch wenn Sie die Zeit haben, stellen Sie vielleicht fest, dass Ihr Chef – der auch nicht annähernd so erleuchtet ist wie Sie – Ihre Meditationssitzungen argwöhnisch betrachtet.

Glücklicherweise können Sie »verkürzte« Formen der Meditation üben – sie können so kurz oder lang sein, wie Sie Zeit haben. Sie können eine Kurzmeditation durchführen, wenn Sie ein paar Minuten freie Zeit haben, zum Beispiel bei den nachfolgend aufgelisteten Gelegenheiten. (Ich empfehle Ihnen nicht, im Auto zu meditieren, es sei denn, Sie sind der Beifahrer.)

- Wenn Sie im Verkehr stecken bleiben (und der Beifahrer sind)
- Wenn Sie auf Ihren Arzt oder Zahnarzt warten müssen
- Wenn Sie in einer Schlange stehen (für ewig, wie es scheint)
- Wenn Sie in einer langweiligen Besprechung sitzen (in der Sie nichts präsentieren müssen und Ihnen keine Fragen gestellt werden)
- Wenn Sie mit dem Bus oder der U-Bahn oder in einem Taxi fahren

Teil IV

Stressmanagement in der Praxis

»Ich habe Ayurveda, Meditation und Aromatherapie ausprobiert, aber nichts scheint zu funktionieren. Ich fühle mich immer noch den ganzen Tag schlecht und desorientiert.«

In diesem Teil ...

... erkläre ich Ihnen Strategien für zu Hause und Ihren Arbeitsplatz, die Ihnen helfen, ein weniger stressiges Leben zu führen. Allein indem Sie zum Beispiel eine Pause mit Streckübungen machen, können Sie die Auswirkungen von Stress am Arbeitsplatz wirksam reduzieren. Wenn Sie zudem auch zu Hause für mehr Ordnung sorgen, leben Sie rundum entspannter und stressfreier.

Stress am Arbeitsplatz bekämpfen

7

In diesem Kapitel

- Ihren berufsbedingten Stress identifizieren
- Stressmanagement in Ihren Arbeitstag einbauen
- Entspannter nach Hause kommen

Wenn Sie das Gefühl haben, dass Ihr Job stressig ist, sind Sie nicht allein. Wenn Sie Leute fragen, wodurch ihr Stress kommt, werden Sie fast immer hören: »Durch meinen Job«.

Berufsbedingter Stress wird ausgelöst durch nörgelnde Kunden, einen fordernden Chef, unfreundliche Kollegen, enge Abgabetermine und hässlichen Büroklatsch.

Bevor Sie zum Kandidaten für ein Burnout-Seminar werden, lesen Sie dieses Kapitel. Sie werden herausfinden, wie Sie Ihren berufsbedingten Stress in den Griff.

Zehn Zeichen dafür, dass Sie bei der Arbeit gestresst sind

Einige Leute blühen bei dem Adrenalinstoß auf, den sie bekommen, wenn sie in ihrem Job auf neue Herausforderungen treffen. Aber wenn Sie nicht zu den Menschen gehören, die das anregend finden, sondern das Gefühl haben, Sie gehen unter, ist vielleicht berufsbedingter Stress das Problem.

Eine Befragung ergab, dass viele Beschäftigte ihren Beruf als »höchst stressig« empfinden.

Schauen Sie, ob Sie die Zeichen berufsbedingten Stresses erkennen – kreuzen Sie die Symptome an, die Sie an sich selbst beobachten:

______ Sie sind oft gereizt.

______ Sie haben Schwierigkeiten, sich zu konzentrieren.

______ Sie sind müde.

______ Sie haben viel von Ihrem Sinn für Humor verloren.

______ Sie geraten in mehr Streitgespräche als früher.

______ Sie schaffen weniger.

______ Sie werden häufiger krank.

______ Sie kümmern sich weniger um Ihre Arbeit.

______ Es kostet Sie viel Mühe, an einem Arbeitstag morgens aufzustehen.

______ Sie haben weniger Interesse an Ihrem Leben außerhalb Ihres Berufs.

Herausfinden, was Ihren Stress auslöst

Um Ihren beruflichen Stress zu managen, müssen Sie erkennen, woher der Stress kommt. Kreuzen Sie einfach alle Punkte an, die Sie als Hauptursache für Ihren Stress ansehen:

______ Arbeitsüberlastung (zu viel zu tun)

______ Arbeitsunterforderung (zu wenig zu tun)

______ Zu viel Verantwortung

______ Zu wenig Verantwortung

______ Unzufriedenheit mit dem aktuellen Zustand oder aktuellen Pflichten

______ Schlechte Arbeitsumgebung (Lärm, Isolation, Gefahr)

______ Lange Arbeitszeiten

______ Keine Anerkennung

______ Unsicherheit des Arbeitsplatzes

______ Schlechte Bezahlung

______ Zu häufiges Reisen

______ Beschränkte Aufstiegsmöglichkeiten

______ Benachteiligung aufgrund des Geschlechts, der Nationalität oder der Religionszugehörigkeit

______ Probleme mit dem Chef oder dem Management

______ Probleme mit Kunden

______ Probleme mit Mitarbeitern, Kollegen

______ Schlechte Bürogepflogenheiten

______ Umständliches Pendeln

Haben Sie andere Punkte? Schreiben Sie sie auf:

____

____

____

Bei einer Untersuchung wurde festgestellt, dass folgende Aspekte des Berufslebens den meisten Stress auslösen:

- Viel Leistungsdruck. Enge Termine, zu wenig Unterstützung, zu enge Produktionsvorgaben, ernsthafte Konsequenzen bei Nichterreichen der Ziele des Managements – all dies kann zu höchst bedrückenden Arbeitsbedingungen führen.
- Fehlende Kontrolle über den Arbeitsprozess. Stress wird oft ausgelöst, wenn Sie wenig oder keine Vorstellung davon haben, wie Ihre Arbeit erledigt werden sollte.

Was können Sie ändern?

Erkennen Sie die Stressauslöser an Ihrem Arbeitsplatz und fragen Sie sich dann, inwieweit Sie die Auswirkungen dieses Stresses beseitigen oder zumindest einschränken können. In manchen Fällen haben Sie keine Möglichkeit, die Ursachen des Stresses an Ihrem Arbeitsplatz zu beseitigen: Ihren Chef können Sie nicht ändern und nach einer Gehaltserhöhung zu fragen, wenn das Unternehmen am Tag vorher Pläne für Entlassungen vorgelegt hat, ist vielleicht auch nicht die beste Idee. Aber Sie können sich selbst ändern.

Sie können Ihren Stress managen und seine Konsequenzen mildern, indem Sie einige der Vorschläge in diesem Abschnitt anwenden.

Beginnen Sie Ihren Arbeitstag ohne Stress

In guter Verfassung an Ihren Arbeitsplatz zu kommen, ist die halbe Miete. Seien Sie Ihrem beruflichen Stress einen Schritt voraus und kommen Sie fit in Ihrem Büro an. Starten Sie den Tag am Abend vorher. Hier einige Tipps:

- **Gehen Sie früher zu Bett.** Zu wenig Schlaf kann ein Stressauslöser sein. Sie stellen fest, dass Sie gereizter sind und es viel schwerer ist, sich zu konzentrieren.
- **Stehen Sie etwas früher auf.** Wenn Sie morgens ein paar Minuten früher aufstehen, müssen Sie sich nicht beeilen und mit einem Brot in der Hand aus der Tür stürzen.
- **Frühstücken Sie.** Um Ihren Stress zu managen ist es wichtig, mit der richtigen Ernährung zu starten. Untersuchungen haben gezeigt, dass Menschen, die kein richtiges Frühstück zu sich nehmen, sich später am Tag häufig müde und gestresst fühlen.
- **Bewegen Sie sich.** Ein wenig Bewegung kann Sie in eine gute Startposition für Ihren Arbeitstag bringen. Untersuchungen zeigen, dass auch ein kurzes Training Ihre Herzfrequenz erhöht, den Sauerstoff in Ihrem Gehirn steigen lässt und Endorphine freigesetzt werden, die einen beruhigenden Effekt hervorrufen können.

Vermeiden Sie SaS (Sonntagabendstress)

Wenn sich das Wochenende seinem Ende zuneigt, sehen vielleicht viele von Ihnen dem Montagmorgen mit Grauen entgegen. Der wahre Übeltäter ist der Sonntagabend. Erst nachdem Sie in Ihrem Büro angekommen sind und ein paar Stunden dort verbracht haben, senkt sich Ihr Stresslevel.

Sie können dem Sonntagabendstress vorbeugen und am Montag entspannter zur Arbeit gehen, wenn Sie ein paar einfache Tricks anwenden:

- Gehen Sie am Sonntagabend noch etwas früher ins Bett.
- Vermeiden Sie ein spätes warmes Abendessen.
- Planen Sie für den Sonntagabend etwas Angenehmes und Entspannendes, auf das Sie sich freuen können.
- Versuchen Sie, Ihre Termine so zu legen, dass Sie nicht am Montag als Erstes etwas tun müssen, das Sie nicht mögen.
- Planen Sie etwas für den Montag, auf das Sie sich freuen können.

Gestalten Sie Ihren Anfahrtsweg entspannter

Der tägliche Weg zur Arbeit kann einer der Hauptstressfaktoren sein. Aber das muss nicht sein:

- **Überlisten Sie die Masse.** Oft macht es einen großen Unterschied, ob Sie etwas früher oder etwas später losgehen. Sie finden vielleicht einen Sitzplatz im Zug oder im Bus oder stellen fest, dass die Straßen leerer sind.
- **Versuchen Sie, die Fahrt zu genießen.** Sie können im Auto Radio und Musik hören oder in der U-Bahn, im Bus oder im Zug produktiv sein und lesen.

Tun Sie etwas gegen Stress während Ihres Arbeitstags

Durch effektives Stressmanagement lässt sich der Stress am Arbeitsplatz deutlich reduzieren. Wenn Sie die Methoden zur Vermeidung von Stress regelmäßig anwenden, können Sie Ihren Stress früh auffangen – bevor er sich in belastende Sorgen verwandelt.

Probieren Sie folgende Strategien, die Ihren Stress im Keim ersticken:

Vermeiden Sie Muskelanspannungen von Anfang an

Ein Arbeitstag ist oft geprägt von Terminen und Zeitdruck, sodass Sie wenig Gelegenheit haben, über Ihre neu erworbenen Entspannungsfähigkeiten nachzudenken. Ihr Stress baut sich auf, und eine Menge dieses Stresses äußert sich in Form von Anspannung in Ihren Muskeln. Lösen Sie diese Spannung, bevor sie zu einem größeren Problem wird.

Auch am Arbeitsplatz können Sie Entspannungsübungen machen: Atemübungen, schnelle Entspannung oder Progressive Muskelentspannung. Hier einige Gelegenheiten, bei denen Sie sich entspannen können:

- ✔ Jedes Mal, wenn Sie den Telefonhörer auflegen
- ✔ Wenn jemand Ihr Büro verlässt und die Tür schließt
- ✔ Wenn Sie in einer langweiligen Besprechung sitzen

Sammeln Sie Meilen

Stehen Sie auf und verlassen Sie Ihren Schreibtisch – holen Sie sich Kaffee oder Wasser, machen Sie Kopien. Laufen Sie viel herum und gehen Sie in der Mittagspause aus dem Büro, um einen kleinen Spaziergang zu machen.

Stehen Sie ab und zu vom Schreibtisch auf. Nehmen Sie die Treppe, anstatt den Fahrstuhl zu benutzen. Das verschafft Ihrem Körper die Gelegenheit, verschiedene Muskelgruppen zu benutzen, und verhindert Anspannung.

Strecken Sie sich und greifen Sie nach dem Himmel

Für viele von Ihnen sind die Tage durch langes Sitzen am Schreibtisch oder durch eine beengte Arbeitsumgebung gekennzeichnet, unterbrochen nur durch kurze Ausflüge zur Kaffeemaschine oder zum Kopierer.

Streckübungen sind bestens geeignet, um Anspannungen zu lösen. Hier einige meiner bevorzugten Streckübungen:

Der Kirschenpflücker

Diese Streckübung ist gut für Ihre Schultern, Arme und Ihren Rücken.

Setzen Sie sich auf einen Stuhl, die Füße stehen flach auf dem Boden, oder stellen Sie sich hin. Heben Sie beide Arme über Ihren Kopf und zeigen Sie mit Ihren Fingern direkt zur Decke.

Tun Sie nun so, als würden Sie mit der linken Hand eine Kirsche an einem Ast pflücken wollen, der etwas höher als Ihre rechte Hand ist. Strecken Sie die Hand ein paar Zentimeter in die Höhe und machen Sie dann eine Faust. Drücken Sie zwei bis drei Sekunden lang. Entspannen Sie Ihre Hand. Machen Sie das Gleiche mit Ihrer rechten Hand. Falls Sie Kirschen nicht mögen, denken Sie an Äpfel.

Bruststrecken

Diese Bewegung ist gut für die Lösung von Anspannungen in Ihren Brust- und Deltamuskeln und Ihrem oberen Rücken.

Im Sitzen oder Stehen legen Sie beide Hände mit gekreuzten Fingern hinter Ihren Kopf. Bringen Sie Ihre Ellbogen so weit nach hinten, wie Sie können (siehe Abbildung 7.1). Halten Sie diese Spannung fünf bis zehn Sekunden, lösen Sie die Spannung und machen Sie die Übung noch ein zweites und drittes Mal. Versuchen Sie, diese Übung mehrmals am Tag zu wiederholen.

Abbildung 7.1: Entspannen Sie sich ein bisschen mit der Bruststreckübung.

Beine hoch

Diese Streckübung löst Anspannungen in Ihren Oberschenkelmuskeln und stärkt Ihre Bauchmuskeln.

Setzen Sie sich auf einen Stuhl und heben Sie Ihre Beine gerade hoch. Gleichzeitig krümmen Sie Ihre Zehen zu sich hin (siehe Abbildung 7.2). Halten Sie diese Spannung etwa fünf bis zehn Sekunden und lassen Sie dann Ihre Füße auf den Boden sinken. Wiederholen Sie die Übung zwei- oder dreimal und machen Sie sie mehrmals täglich.

Abbildung 7.2: Die Beine-hoch-Übung ist gut für Ihre Oberschenkel- und Bauchmuskeln.

Den oberen Rücken strecken

Diese Streckübung ist hervorragend zur Muskelentspannung in Ihrem oberen Rücken geeignet.

Legen Sie Ihre Fingerspitzen auf Ihre Schultern, die Ellbogen zeigen zur Seite. Heben Sie Ihre Ellbogen, bis sie eine Linie mit Ihren Schultern bilden. Bringen Sie nun Ihre Ellbogen nach vorn, bis sie sich berühren oder fast berühren (siehe Abbildung 7.3). Halten Sie diese Position fünf bis zehn Sekunden und lassen Sie Ihre Arme dann bequem zur Seite fallen. Wiederholen Sie diese Übung zwei- bis dreimal und machen Sie sie mehrmals täglich.

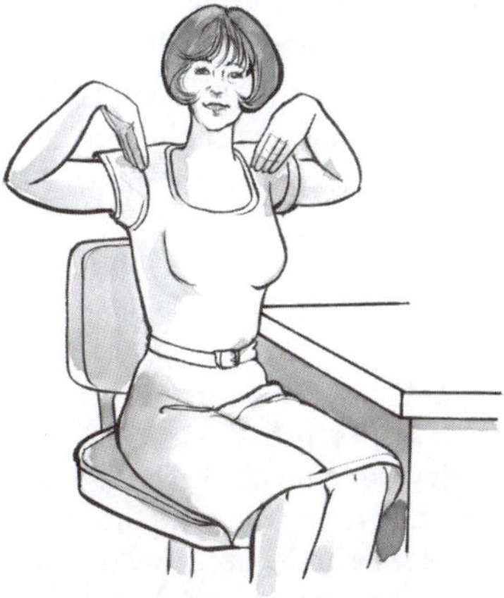

Abbildung 7.3: Bewegen Sie Ihre Ellbogen, um Spannungen im oberen Rücken zu lösen.

Massage am Arbeitsplatz? – Warum nicht?

Massage und andere Berührungs- und Drucktherapien gehören zu den beliebtesten Methoden, Muskelspannungen zu lösen. Da Sie am Arbeitsplatz wohl kaum Ihren eigenen Masseur haben werden, können Sie sich auch jederzeit selbst massieren. Im Gegensatz zu einem Masseur sind Ihre Finger dafür immer verfügbar und damit das ideale Werkzeug für eine Massage am Arbeitsplatz.

Für Ihre Hände

Halten Sie Ihre linke Handfläche vor sich, die Finger sind geschlossen. Der fleischige Punkt zwischen Ihrem Daumen und Ihrem Zeigefinger ist ein Schlüsselpunkt in der Akupressur, der ein Gefühl der Entspannung hervorrufen sollte, wenn er massiert wird. Massieren Sie diesen Punkt mit Ihrem rechten Daumen in einer kreisenden Bewegung und zählen Sie dabei langsam bis 15. Wechseln Sie zur anderen Hand und wiederholen Sie die Massage.

Kneifen Sie sich doch mal

Gegen stressbedingte Müdigkeit kneifen Sie gerade unterhalb des ersten Gelenks Ihres kleinen Fingers mit dem Daumen und Zeigefinger Ihrer anderen Hand. (Der Druck sollte fest, aber nicht schmerzhaft sein.) Erhöhen Sie den Druck leicht. Machen Sie kleine kreisende Bewegungen gegen den Uhrzeigersinn, während Sie den Druck beibehalten. Fahren Sie damit etwa 20 Sekunden fort. Lassen Sie los. Warten Sie zehn Sekunden und wiederholen Sie die Übung bis zu fünfmal.

Für Ihre Füße

Diese Übung beruhigt Ihre Fußsohlen. Ziehen Sie Ihre Schuhe und Strümpfe aus, setzen Sie sich bequem hin und kreuzen Sie ein Bein über das andere. (Ihre Fußsohle sollte Sie fast anschauen.) Fassen Sie mit beiden Händen Ihren Fußrist und üben Sie Druck aus, besonders mit Ihren Daumen. Kneten Sie nun jeden Teil Ihres Fußes (so wie Sie Brotteig kneten würden mit Ihren Daumen und Fingern), arbeiten Sie sich von der

Ferse bis zu Ihren Zehen vor. Drücken Sie jeden Zeh. Massieren Sie nun den anderen Fuß in der gleichen Art und Weise.

Wenn Sie heute Ihre Beine nicht mehr so einfach kreuzen können wie früher, holen Sie sich ein Nudelholz (oder eine ähnliche Rolle). Setzen Sie sich auf einen Stuhl und legen Sie das Nudelholz neben Ihren Fuß. Rollen Sie Ihren nackten Fuß sanft etwa zwei Minuten lang auf dem Nudelholz hin und her. Versuchen Sie es dann mit dem anderen Fuß. Waschen Sie Ihr Nudelholz!

Wenn Sie kein Nudelholz zur Hand haben, versuchen Sie es mit einem Tennisball. Legen Sie ihn unter Ihren Fußrist, üben Sie etwas Druck auf den Fuß aus und rollen Sie den Ball vorwärts und rückwärts.

Halten Sie diesen Rhythmus etwa zwei Minuten lang und wechseln Sie dann zu Ihrem anderen Fuß.

Für Ihren Nacken und Ihre Schultern

Stress findet meistens seinen Weg zu Ihrem Nacken und Ihren Schultern. Um diese Verspannung zu lösen, nehmen Sie Ihre linke Hand und massieren Sie fest Ihre rechte Schulter und die rechte Seite Ihres Nackens. Beginnen Sie mit einigen sanften Kreisbewegungen und kneten Sie den Muskel mit Ihrem Zeige- und Mittelfinger. Beenden Sie die Übung dann mit einer kräftigeren Massage und drücken Sie die Schulter- und Nackenmuskeln zwischen Ihrem Daumen und den anderen Fingern zusammen. Gehen Sie nun zur anderen Seite über.

Für Ihr Gesicht

Legen Sie beide Hände auf Ihr Gesicht, mit den Fingerspitzen auf Ihrer Stirn und den Handballen gerade unterhalb Ihrer Wangen. Ziehen Sie die Haut auf Ihrer Stirn sanft mit den Fingerspitzen herunter, während Sie den Bereich unter Ihren Handballen nach oben schieben. Wiederholen Sie diese Bewegung rhythmisch, während Sie Ihre Finger und Handballen zusammenziehen und wieder loslassen.

Sie können auch versuchen, Ihre Ohren in verschiedene Richtungen zu ziehen. Manche Menschen schören darauf.

Die Verspannung einfach abschütteln

Wenn Sie gerade keine Lust auf eine Selbstmassage haben, hier noch ein kleiner Tipp von mir: Schütteln Sie sich doch mal!

Machen Sie diese Übung entweder im Sitzen oder im Stehen. Halten Sie Ihre Arme locker vor Ihrem Körper und beginnen Sie damit, Ihre Hände an den Handgelenken zu schütteln. Dann lassen Sie Ihre Arme und Schultern an dem Spaß teilhaben. Fahren Sie eine Weile fort, hören Sie dann langsam auf zu schütteln und lassen Sie Ihre Arme wieder bequem runterhängen. Heben Sie nun ein Bein und schütteln Sie es. Schütteln Sie dann das andere Bein. (Wenn Sie sitzen, können Sie beide Beine gleichzeitig schütteln.)

Wenn Sie fertig sind, achten Sie auf das kribbelnde Gefühl in Ihrem Körper und, wichtiger, auf das Gefühl der Entspannung. Zugegebenermaßen sieht das Ganze etwas komisch aus, aber es funktioniert.

8 Stressfrei am Arbeitsplatz und in den Feierabend

In diesem Kapitel

- Den Arbeitsplatz gestalten
- Tisch und Stuhl auf Ihren Körper abstimmen
- Körper und Geist stressresistent ernähren

Vielleicht können Sie nicht jeden Aspekt Ihres Jobs kontrollieren, aber Sie können Ihren persönlichen Arbeitsbereich gestalten. Ihr Arbeitsbereich kann Ihnen (im wahrsten Sinne des Wortes) Schmerzen bereiten, Ihre Muskeln anstrengen und Ihren Körper ermüden. Der Übeltäter könnte ein schlecht platzierter Computermonitor, eine unbequeme Sitzgelegenheit, schlechtes Licht oder einfach ein total überladener Schreibtisch sein.

Ihr Leben ist schon stressig genug. Ihr Arbeitsplatz muss nicht unbedingt zu Ihrer täglichen Dosis Stress beitragen.

Light! Sound! Action!

Hier ein paar Tipps, wie Sie etwas Stress aus Ihrem Arbeitsbereich entfernen können. Sicher können Sie einige davon auch an Ihrem Arbeitsplatz umsetzen.

- **Machen Sie Licht.** Setzen Sie auf sanfte und indirekte Beleuchtung. Denken Sie aber daran, dass Sie genug Licht haben. Das verringert die Anstrengung für Ihre Augen.

- **Richten Sie visuelle Erholungspunkte ein.** Gönnen Sie Ihren Augen – und Ihrem Geist – eine Pause. Schauen Sie regelmäßig weg von Ihrem Computerbildschirm oder Ihren Papieren und konzentrieren Sie sich auf ein entferntes Objekt, um »Ihre Augen zu strecken«. Sie können Ihr Büro mit einigen interessanten Objekten visuell auflockern.
  - Stellen Sie Fotos auf: von Menschen, die Sie gern haben, oder mit Szenen, die Sie an glückliche Momente erinnern.
  - Sorgen Sie für Pflanzen oder Blumen.
  - Hängen Sie Kunstwerke auf, die Sie schön und beruhigend finden.
- **Nutzen Sie Ihren Geruchssinn.** Füllen Sie eine Schüssel mit grünen Äpfeln, um Ihrem Büro einen angenehmen Geruch zu geben.
- **Lagern Sie ein paar Hanteln in Ihrem Büro.** In einem freien Moment können Sie ein paar Übungen machen.

Herrscht Chaos auf Ihrem Schreibtisch?

Wenn Ihr Arbeitsbereich wie ein Schlachtfeld aussieht, kann auch er Ihnen Stress bereiten. Suchen Sie auf Ihrem Schreibtisch vergeblich nach einem Bericht, den Sie unbedingt benötigen, steigt Ihr Stresslevel enorm an.

Räumen Sie am Ende Ihres Arbeitstages Ihre Sachen auf. Sie brauchen nur einige Minuten, und die Belohnung ist groß.

Werfen Sie einen Blick in Kapitel 10. Dort finden Sie einige Ideen, wie Sie das Chaos in Ihrem Büro vermeiden und Ihrem Ablage- und Organisationssystem einen Kick geben.

Werden Sie EK (ergonomisch korrekt)

Ihr Körper wurde nicht dafür geschaffen, lange an einem Platz zu sitzen und zu arbeiten.

Wenn Sie lange in einer Position sitzen, ziehen sich Ihre Muskelgruppen zusammen. Der Blutfluss zu diesen Muskelgruppen kann reduziert werden, was zu einer Sauerstoffunterversorgung der Muskeln führt. Dies kann Schmerzen, Anstrengung, Muskelbeschwerden und Müdigkeit hervorrufen.

Hier einige Vorschläge, wie Sie ergonomische Schmerzen vermeiden:

- ✔ Wenn Sie längere Zeit an Ihrem Computer verbringen, ist es wichtig, wo und wie Sie sitzen. Um übermäßige Muskelanspannungen und Müdigkeit in Ihren Schultern, Ihrem Nacken und Ihrem oberen Rücken zu vermeiden, sollte Ihr Stuhl so eingestellt sein, dass Sie in richtiger Höhe zu Ihrer Tastatur und Ihrem Monitor sitzen. Sie sollten Ihren Nacken nicht anstrengen müssen. Mit einem höhenverstellbaren Stuhl und Tisch können Sie alles genau anpassen.
- ✔ Es sollte auch eine gepolsterte Stütze für Ihren Lendenbereich (unterer Rücken) geben. Die Rückenstütze sollte über die gesamte Länge gehen und etwa 45 bis 50 Zentimeter über die Sitzfläche Ihres Stuhls hinausragen. Wenn Ihr unterer Rücken nicht genügend unterstützt

ist, ziehen Sie die Benutzung einer Lendenrolle in Betracht – ein zylindrisches Kissen, das sich gut an Ihr Kreuz anpasst.

- Ihre Tastatur sollte etwa auf Höhe Ihrer Ellbogen sein, wenn Sie sich setzen. Wenn Sie Ihre Tastatur benutzen, sollten Ihre Finger niedriger liegen als Ihre Handgelenke. Sie können auch eine ergonomisch geformte Tastatur in Betracht ziehen, um eine Überanstrengung Ihrer Handgelenke zu verhindern.
- Eine Fußablage kann Ihre Beine und Ihren Rücken entlasten, besonders wenn Sie klein sind.

Tennis(ball) gefällig?

Wenn Sie merken, dass Ihre körperliche Anspannung sehr groß ist (noch besser, bevor Sie an diesen Punkt kommen), nehmen Sie sich einen Tennisball oder einen anderen weichen Ball und drücken Sie ihn acht bis zehn Sekunden lang. Lösen Sie dann langsam alle Spannung in Ihren Fingern. Wiederholen Sie diese Übung mehrmals täglich.

Hören Sie auf Ihre Mutter: Sitzen Sie gerade!

Manchmal hat Ihr Stress die unmöglichsten Ursachen – Ihr Stuhl zum Beispiel. Wenn Sie länger falsch sitzen, können Müdigkeit, Anspannung und schließlich Schmerzen die Folge sein. Sitzen übt tatsächlich mehr Druck auf Ihre Wirbelsäule aus als Stehen. Wenn Sie gekrümmt sitzen oder sich nach vorn beugen, ist der Druck noch größer.

Setzen Sie sich mit geradem Rücken auf Ihren Stuhl. Ihre Lunge hat nun genügend Raum, um sich zu erweitern, und Sie belasten Ihren Rücken weniger.

Delegieren Sie Ihren Stress weg

Wenn Sie viel zu tun haben und sich alle Arbeit allein aufladen, ist Stress vorprogrammiert. Meistens besteht das größte Hindernis bei der Entscheidung, ob delegiert oder nicht delegiert wird, darin, dass die Menschen Angst haben, die Aufgabe könnte nicht so gut erledigt werden, wie sie es selbst tun würden.

Es kann schon sein, dass ein Mitarbeiter oder Kollege die Aufgabe nicht ganz so perfekt ausführt. Aber das ist keine Katastrophe – das Resultat kann zufriedenstellend sein, auch wenn es nicht perfekt ist.

Manchmal kann ein Absenken Ihrer Standards und die Entscheidung, sich mit einem weniger perfekten Ergebnis zufriedenzugeben, zu weniger Stress führen.

Wenn Sie niemanden finden können, der weiß, wie man das tut, was Sie tun müssen, lohnt es sich, die Zeit zu investieren und jemanden anzulernen. Das wird kurzfristig mehr Zeit in Anspruch nehmen, aber es wird sich langfristig sicher lohnen.

Ernähren Sie Ihren Körper (und Geist)

Die falsche Nahrung zu sich zu nehmen, oder die richtige, aber in falschen Mengen und/oder zu den falschen Zeiten, kann Ihren Stresslevel entscheidend beeinflussen.

Der Körper gibt wieder, was er bekommt

Wenn Sie sich schlecht ernähren, arbeitet Ihr Körper nicht so effektiv, wie er sollte. Das bedeutet, dass Sie nicht in der besten Ausgangsposition sind, all den Druck und die Anforderungen zu meistern, auf die Sie an Ihrem Arbeitsplatz treffen.

Hier einige Tipps für eine gesunde Ernährung:

Essen Sie zu Mittag

Obwohl die Tage des deftigen Mittagessens vorbei sind, gibt es immer noch Menschen, die Ihren Teller mit Essen vollladen, das einen hohen Stresslevel für den Rest des Tages garantiert. Einige Vorschläge, um Ihren Körper für den Nachmittag aufzutanken (und den toten Punkt abzuwenden):

- ✔ Lassen Sie das Mittagessen niemals aus – egal, wie beschäftigt Sie sind.
- ✔ Essen Sie beim Mittagessen weniger – keinen Nachschlag.
- ✔ Trinken Sie keinen Alkohol.
- ✔ Passen Sie beim Nachtisch.

Machen Sie Ihre Mittagspause zu einer Stresspause

Versuchen Sie, während der Mittagspause aus Ihrer Arbeitsumgebung herauszukommen. Auch wenn der Ausflug einfach nur ein Spaziergang um den Block ist, gehen Sie. Noch besser, suchen Sie sich einen Park, eine Bücherei – alles, was entspannend ist und Sie in einen anderen Gemütszustand versetzt.

Die Mittagspause ist nicht nur zum Essen da: Es ist ein guter Zeitpunkt, um etwas gegen Ihren Stress zu tun. Suchen Sie sich Ihre Mittagszeitoase.

Die kaffeefreie Kaffeepause

Das Koffein in zwei Tassen Kaffee kann Ihre Herzfrequenz um bis zu 15 Schläge pro Minute erhöhen. Es kann Sie außerdem reizbar und nervös machen. Lassen Sie also die dritte Tasse Kaffee (und das Stück Kuchen) stehen. Essen Sie stattdessen etwas, das die Funktionsfähigkeit Ihres Körpers unterstützt statt sie zu schwächen, wie zum Beispiel:

- ✔ Einen Becher fettarmen Joghurt
- ✔ Eine Handvoll gemischter Nüsse
- ✔ Ein Stück Schokolade (ein Stück!)
- ✔ Etwas Obst
- ✔ Eine Tasse Kräutertee
- ✔ Und, wenn Sie unbedingt Kaffee brauchen, versuchen Sie zumindest den entkoffeinierten.

Auch nichts Süßes, bitte

Bonbons während der Arbeit helfen Ihnen nicht gerade, Ihren Stress abzubauen. Ein Zuckerschub gibt Ihnen kurzfristig Energie, lässt Sie aber später am Tag stärker abbauen. Es ist besser, wenn Sie Süßigkeiten vermeiden.

Entspannter nach Hause kommen (und es auch bleiben)

Sie hatten einen langen Tag. Sie sind müde und haben die Nase voll. Das Letzte, was Sie jetzt wollen, ist, Ihren beruflichen Stress mit nach Hause zu nehmen. Diese Tipps helfen Ihnen, weniger gestresst zu Hause anzukommen:

- ✔ **Stellen Sie eine Liste mit den Dingen auf, die am nächsten Tag zu tun sind.** Eine Liste zu haben, gibt Ihnen ein Gefühl persönlicher Kontrolle und wird Ihnen helfen, von der Arbeit abzuschalten.
- ✔ **Treiben Sie nach der Arbeit Sport.** Lassen Sie beim Sport richtig Dampf ab und ersparen Sie damit Ihren Mitmenschen Ihre Frustration.
- ✔ **Lassen Sie Ihre Arbeit an Ihrem Arbeitsplatz.** Verhindern Sie, dass Berufsstress Ihr ganzes Leben stressig macht. Nehmen Sie niemals routinemäßig Arbeit mit nach Hause.

Ah, endlich zu Hause, schön! Wenn Sie nach Hause kommen, sollten Sie eine kurze Phase der Ruhe – sagen wir 15 bis 20 Minuten – genießen können, um den Übergang zu Ihrem Privatleben zu bewältigen. Schaffen Sie sich einen Stress reduzierenden Übergang und nehmen Sie ein entspannendes Bad, hören Sie sich beruhigende Musik an, lesen Sie in einem guten Buch oder treiben Sie Sport.

Stress reduzieren durch bessere Organisation

9

In diesem Kapitel

- Der Unordnung Herr werden
- Motivieren Sie sich selbst
- Organisiert bleiben

Wenn Sie gern schon einmal geschrien hätten, weil Sie in letzter Minute Ihre Schlüssel oder die Serviette nicht finden konnten, auf der Sie Ort und Zeitpunkt einer wichtigen Verabredung notiert hatten, werden Sie wahrscheinlich zustimmen, dass Desorganisation eine ganze Menge Stress hervorrufen kann. Hier kann auch ein Blick in *Ordnung halten für Dummies*, erschienen bei Wiley-VCH, helfen.

Fehlende Organisation kann zu Frustration, Verspätungen, verlorener Zeit und verpassten Gelegenheiten führen und vor allem zu Stress.

Wer braucht das? Sie haben doch schon genug Stress. Dieses Kapitel zeigt Ihnen, wie Sie sich organisieren können. Es gibt Ihnen die Werkzeuge an die Hand, die Sie brauchen, um die Unordnung und das Durcheinander in Ihrem Leben zu beseitigen.

Der Unordnung Herr werden

Der Unordnung Herr zu werden, kann eine nicht zu bewältigende Aufgabe darstellen. Es ist nur eine Frage der Zeit, bis Sie sich in Ihrer Unordnung verloren fühlen. Sie brauchen Hilfe. Sie sind bereit anzufangen. Aber wo?

Der erste Schritt, der Unordnung Herr zu werden, besteht darin, genügend Motivation für den Anfang zu finden und, noch wichtiger, am Ball zu bleiben.

Motivieren Sie sich

Manchmal sind gute Vorsätze allein nicht ausreichend. Vielleicht stellen Sie fest, dass Sie einen kleinen Tritt oder eine andere Form externer Motivation brauchen, um mit dem Aufräumen anzufangen.

Hier einige Tipps, die Sie auf den rechten Weg bringen können:

- **Planen Sie.** Wenn Sie Dinge planen, ist es wahrscheinlicher, dass Sie sie auch tun. Legen Sie einen Zeitpunkt fest und tragen Sie den »Termin« in Ihren Kalender oder Tagesplaner ein.
- **Nutzen Sie Ihr Schamgefühl.** Legen Sie ein Datum fest und laden Sie einige neue Freunde ein. Sie wollen bestimmt nicht, dass jemand sieht, wie unorganisiert Sie sein können, und räumen Ihr Heim ganz schnell auf.
- **Legen Sie Ihre Unordnungsschwelle fest.** Finden Sie Ihre persönliche Unordnungsschwelle, bei deren Unterschreitung Sie sich unwohl und bei deren Überschreitung Sie sich gestresst fühlen. Arbeiten Sie daran, Ihre Unordnung auf diesem Level zu halten.

Fangen Sie einfach an!

Wenn Sie sich selbst in Aufräumlaune wiederfinden, geben Sie ihr einfach nach. Hören Sie nicht auf, weil Sie einen kleinen Bereich fertiggestellt haben. Machen Sie weiter. Bauen Sie auf Ihrem Erfolg auf. Sie werden überrascht sein, wie viel Sie schaffen können, wenn Sie einmal bei der Sache sind.

Hören Sie auf, sich etwas vorzumachen

Es ist leicht, sich selbst etwas vorzumachen. Das liegt daran, dass ein kleiner Teil von Ihnen wirklich daran glaubt, dass Sie den Keller aufräumen werden, die alten Kleidungsstücke in einen Karton räumen und sie an eine Altkleidersammlung geben und diese Zeitschriften wegwerfen werden, die Sie seit einer Ewigkeit aufbewahrt haben.

Ihre Unordnung wird sich weiter ausbreiten, wenn Sie sie nicht bekämpfen. Wenn Sie erfolgreich aufräumen wollen, müssen Sie davon überzeugt sein, dass sich Ihre Lebensqualität verbessern wird, sobald Sie einige unnütze Dinge losgeworden sind.

Die Vereinfachung Ihres Lebensraums verlangt Mut. Während Sie die Aufgabe in Angriff nehmen, sollte Ihre Haltung sein: »Ich habe diese Unordnung satt.« Stellen Sie sich folgende Fragen, um Ihren Mut zum Ausmisten zu stärken:

- ✔ Will ich die nächsten 20 Jahre mit diesem Ding leben?
- ✔ Wenn in meinem Haus ein Feuer ausbrechen würde und ich nur die Hälfte dessen retten könnte, was ich besitze, würde ich dieses Ding retten?

- ✔ Würde meine Lebensqualität abnehmen, wenn ich dieses Ding nicht hätte?

In 90 Prozent der Fälle stellen Sie wahrscheinlich fest, dass die Antwort auf alle drei Fragen nein ist.

Vermeiden Sie Entmutigung

Ein Fehler, den viele Menschen beim Beseitigen von Unordnung machen, besteht darin zu denken, dass sie ihre Aufräumaktion an einem kurzen Samstagnachmittag beenden können. Sie sind entmutigt, wenn sie feststellen, wie viel Zeug sie wirklich haben und wie viel noch zu tun bleibt.

Sehen Sie es ein: Sie haben Jahre gebraucht, um all die wundervollen Besitztümer anzusammeln, daher ist es vernünftig anzunehmen, dass die Umkehrung dieses Prozesses einige Zeit dauern wird. Wenn Sie jedoch feststellen, wie viel Zeit Sie sparen können, wenn Sie nicht nach verlegten Dingen suchen müssen, werden Sie schnell erkennen, dass Sie um einiges weitergekommen sind.

Fast alles im Leben, das sich zu erreichen lohnt, verlangt Mühe und Ausdauer. Ski fahren lernen oder herausfinden, wie Sie das Beste aus Ihrem Computer herausholen: All das ist nicht über Nacht passiert. Bleiben Sie am Ball.

Kommen wir zur Sache

Sie haben sich also seelisch darauf vorbereitet, das Problem Ihrer Unordnung ernsthaft anzugehen. Wenn Sie ins Gefecht ziehen, versuchen Sie folgende Punkte zu beherzigen:

- ✔ **Behalten oder Loswerden?** Wenn Sie sich entscheiden, etwas zu behalten, sollten Sie überlegen, was Sie damit anfangen. Wenn Sie es loswerden wollen, können Sie es in den Müll werfen oder es verschenken.
- ✔ **Schauen Sie es sich ein zweites Mal an.** Es ist niemals zu spät, einige der Sachen loszuwerden, die Sie behalten wollten.
- ✔ **Ordnen Sie Ihre Besitztümer in drei Kategorien.** Erstellen Sie drei Kategorien: Definitiv behalten, definitiv loswerden und »Ich bin nicht sicher«. Dann werfen Sie alles aus Kategorie drei weg oder verschenken Sie es. Sie werden wesentlich häufiger unnötige Dinge beseitigen, als einen Fehler begehen.
- ✔ **Suchen Sie sich einen Ausmistkumpel.** Jeder ist entschlossener und weniger sentimental, wenn er es mit den unnötigen Dingen anderer Leute zu tun hat. Bitten Sie Ihren Partner oder einen Freund, Ihnen beim Aufräumen und Aussortieren zu helfen. Hören Sie auf die Einschätzung dieser Person und Sie werden mehr Dinge loswerden, als Sie selbst jemals wegwerfen würden.
- ✔ **Spielen Sie das Datumsspiel.** Wenn Sie es nicht über sich bringen, etwas wegzuwerfen, stecken Sie es in einen Karton und schreiben Sie ein Datum darauf, das genau ein Jahr in der Zukunft liegt. Wenn Sie feststellen, dass der Zeitpunkt vergangen ist, ohne dass Sie etwas aus dem Karton gebraucht haben, schmeißen Sie ihn weg, ohne noch einmal hineinzusehen.

- **Suchen Sie jemanden, der die Dinge gebrauchen kann, die Sie ausmisten.** Es ist viel leichter, Dinge loszuwerden, wenn Sie wissen, dass sie nicht im Müll landen, sondern in den Händen einer Person, die sie braucht und benutzen kann. Fragen Sie Verwandte, Freunde, Trödelläden und Wohltätigkeitsorganisationen.
- **Wenn etwas nicht mehr funktioniert, werfen Sie es weg.** Suchen Sie nach kaputten Toastern, Mixern, Staubsaugern, Radios oder Weckern. Fragen Sie sich, ob Sie das Gerät wirklich brauchen. Wenn Sie entscheiden, es zu reparieren, reparieren Sie es. Wenn nicht, ersetzen Sie es oder schmeißen Sie es weg.
- **Investieren Sie in Schränke mit Schubladen.** Wenn Sie etwas absolut behalten müssen, verstecken Sie es. Bewahren Sie Dinge in Schubläden oder Aktenschränken auf und tragen Sie so zur Ordnung bei. Aber denken Sie daran, dies nicht zu einem neuen Teil Ihrer Unordnung werden zu lassen.
- **Machen Sie ein Foto.** Oft haben die Dinge in Ihrem »Ich-bin-nicht-sicher«-Haufen sentimentalen Wert, oder sie sind zu groß, um sie zu behalten. Sie wollen die Erinnerungen, aber nicht unbedingt das Objekt selbst. Machen Sie ein Foto davon. Fotos nehmen wesentlich weniger Platz in Anspruch und können trotzdem ein warmes Lächeln auf Ihr Gesicht zaubern.

Die zehn besten Gründe, etwas nicht wegzuschmeißen

Manchmal schmerzt das Aufgeben Ihrer geliebten Besitztümer mehr als das Ziehen Ihrer Zähne. Hier sind einige der häufigsten Gründe, die Sie an etwas festhalten lassen:

- ✔ Eines Tages werde ich es brauchen.
- ✔ Es war ein Geschenk zu meinem neunten Geburtstag.
- ✔ Es ist nicht kaputt.
- ✔ Es kann repariert werden.
- ✔ Wenn ich zehn Kilo abnehme, werde ich wieder hineinpassen.
- ✔ Eines Tages wird es ein Sammlerstück sein.
- ✔ Meine Kinder werden es ihren Kindern geben wollen.
- ✔ Ich habe vor, es zu lesen.

Diese Entschuldigungen enthalten zumindest ein kleines Fünkchen Wahrheit. Und alle garantieren, dass Ihre Verwandten nach Ihrer Beerdigung den größten Flohmarkt der Welt veranstalten werden.

Die Übersicht über Ihre Papiere verlieren

Ihr Papierkram kann alles Mögliche umfassen, von der Garantie für den Toaster über Ihre letzte Stromrechnung bis hin zu einem endlosen Berg von Rundschreiben, Katalogen und Werbung. Kümmern Sie sich um Ihren Papiermüll, und Sie haben eine bessere Organisation fast schon erreicht.

Ablegen oder Wegschmeißen? Das ist die Frage

Die zwei Geheimnisse bei der Organisation Ihrer Unterlagen sind relativ einfach. Tatsächlich sind sie den zwei Möglichkeiten sehr ähnlich, die Sie haben, wenn es um Ihre Nicht-Papier-Besitztümer geht.

Sie können Papiere entweder wegschmeißen, wenn Sie sie nicht mehr brauchen, oder eine effektive Methode finden, sie zu ordnen.

Dieser Ansatz hört sich ziemlich einfach an, aber das Problem liegt darin, das Wegwerfen und Ordnen anzupacken. All die Papiere auszusortieren verlangt Zeit und Mühe, und wer weiß – vielleicht brauchen Sie diesen Gutschein für den 40-Liter-Topf Spaghettisauce ja tatsächlich noch, oder vielleicht lesen Sie wirklich noch diesen Artikel über das Skifahren im Himalaja.

Packen Sie das Problem an der Wurzel

Der Großteil Ihres Papiermülls kommt mit der Post. Ihr Briefkasten kann einen nicht zu stoppenden Fluss von Werbung, Ankündigungen, Katalogen und Rechnungen bringen, der alles zu überfluten droht. Sie können dagegen ankommen: Handeln Sie, bevor sich die Papiere ansammeln!

- **Werfen Sie Werbebriefe gleich weg.** Öffnen Sie sie nicht. Lassen Sie sich nicht neugierig machen. Werfen Sie sie gleich weg.
- **Lassen Sie sich aus Adresslisten streichen.** Rufen Sie beim Verbraucherschutz an oder schauen Sie in den Gelben Seiten unter Direct Mail nach. Bei den dort aufgelisteten Unternehmen erfahren Sie, an wen Sie sich wen-

den müssen, um von diesen Listen genommen zu werden.

- ✔ **Brauchen Sie einen Katalog, um Ihre Kataloge zu katalogisieren?** Behalten Sie nur ein oder zwei Ihrer bevorzugten Kataloge und werfen Sie den Rest weg. Wenn ein neuer Katalog kommt, werfen Sie den alten weg.

Ordnen Sie all die Papiere in Ihrem Leben

Die Idee einer methodischen Ordnung Ihrer Papiere ist für Sie sicher nichts Neues. Aber ich wette, Sie haben noch keine Methode gefunden, die Sie auch effektiv nutzen.

Ein System für die Ordnung einzusetzen, verlangt einiges an Planung. Und dieses System zu nutzen, bedeutet Zeit und Mühe. Kurzfristig ist es wesentlich einfacher, Papiere zu stapeln. Aber langfristig kann Ihnen das gehörige Kopfschmerzen bereiten.

Wenn Sie sich die Mühe machen, eine Methode für die Ablage Ihrer Papiere zu entwickeln, kann dies viel weniger Stress für Sie bedeuten. Wählen Sie ein Ablagesystem, das einfach zu nutzen ist und Ihnen das Leben erleichtert.

Benutzen Sie Farben

Ordner oder Register und Beschriftungen in verschiedenen Farben können Ihr Ablagesystem nicht nur in ein Kunstwerk verwandeln, sie machen es auch einfacher, verschiedene Themen und Interessensgebiete zu finden. Meine Reiseordner sind rot, meine Quittungsordner sind gelb, meine Restaurantordner sind blau.

Vermeiden Sie einen Ordner namens Untermähren

Häufig begehen Menschen den Fehler, bei der Organisation eines Ablagesystems zu spezielle Kategorien zu entwickeln. So wird ein Ordner mit der Bezeichnung »Reiseberichte über Untermähren« nicht gut in Ihr System passen, es sei denn, Sie planen definitiv dorthin zu reisen oder schreiben Ihre Diplomarbeit über dieses Thema. Wenn Sie so weitermachen, werden Sie bald von Ordnern überhäuft sein und nur sehr schwer etwas finden. Fangen Sie mit wenigen allgemein gehaltenen Kategorien an.

Bewahren Sie wichtige Papiere an einem sicheren Ort auf

Bewahren Sie Ihre Dokumente an einem sicheren Ort auf, aber vergewissern Sie sich, dass Sie stets leicht an sie herankommen. Für den Fall, dass Sie es vergessen haben, hier eine Liste der wichtigen Dokumente, die Sie im Auge behalten sollten:

- ✔ Garantien
- ✔ Steuerbescheide
- ✔ Kreditvereinbarungen
- ✔ Geburtsurkunden
- ✔ Versicherungspolicen
- ✔ Pässe
- ✔ Hypotheken
- ✔ Wichtige Quittungen
- ✔ Schulzeugnisse
- ✔ Serviceverträge
- ✔ Kreditkartennummern
- ✔ Gebrauchsanweisungen
- ✔ Testamente
- ✔ Medizinische Berichte
- ✔ Heiratsurkunde
- ✔ Verträge
- ✔ PIN-Nummern
- ✔ KFZ-Unterlagen
- ✔ Kontonummern
- ✔ Arbeitszeugnisse

Einige Dokumente verdienen einen separaten Ordner. Andere, zum Beispiel wichtige Nummern, können zusammen abgelegt werden.

> ***Nur für Sie und Safeknacker erreichbar***
> Die Originale von wichtigen Dokumenten sollten Sie in einem Safe aufbewahren und verfügbare Kopien in Ihren Ordnern ablegen.

Legen Sie niemals all Ihre Papiere in einen Ablagekorb

Verwenden Sie vier Ablagekörbe für Ihre Unterlagen (zusätzlich zum sehr wichtigen Papierkorb):

- ✔ Einen »To-Do«-Ablagekorb
- ✔ Einen »Bezahlen«-Ablagekorb
- ✔ Einen (größeren) »Ablegen«-Ablagekorb
- ✔ Einen (noch größeren) »Lesen«-Ablagekorb

Sie sollten den »To-Do«-Ablagekorb über Ihren »Bezahlen«-Ablagekorb auf Ihrem Schreibtisch stapeln. Bewahren Sie den »Ablegen«-Ablagekorb neben Ihrem Schreibtisch auf, sodass er Ihren dringenderen Papieren nicht im Weg steht. Sie können den »Lesen«-Ablagekorb an einem anderen Platz aufbewahren – zum Beispiel in Ihrem Wohnzimmer –, damit Sie den Stapel immer dann abarbeiten können, wenn sich eine Gelegenheit dazu bietet.

Wie unorganisiert sind Sie eigentlich?

Sind Sie »organisatorisch gefordert«? Um Ihnen den Anfang Ihrer Organisationsversuche zu erleichtern, kann es helfen, wenn Sie versuchen herauszufinden, wie schlecht Ihre Organisationsfähigkeiten eigentlich sind. Lesen Sie die folgenden Aussagen und überprüfen Sie, wie viele davon auf Sie zutreffen.

- ✔ Wenn mich Leute zum ersten Mal besuchen, fragen sie immer, ob ich gerade eingezogen bin.
- ✔ Ich weiß, dass ich ein Haustier habe, aber es scheint Monate her zu sein, seit ich es zuletzt gesehen habe.
- ✔ Ich habe so viele Schecks platzen lassen, dass die Leute in meiner Bank meine Telefonnummer als Kurzwahl gespeichert haben.
- ✔ Als sie ihren Job kündigte, waren die letzten Worte meiner Putzfrau: »Sie könnten mir nicht genug zahlen, damit ich bleibe.«
- ✔ Ich denke, Quicken ist der Name einer Fast-Food-Kette.

Wenn Sie sich mit den obigen Aussagen identifizieren können, ist das wahrscheinlich kein gutes Zeichen. Aber keine Sorge. Mit den Mitteln, die ich Ihnen gezeigt habe, werden Sie bald auf den richtigen Weg kommen.

Teil V

Der Top-Ten-Teil

In diesem Teil …

… präsentiere ich Ihnen zunächst die Top-Ten-Gewohnheiten höchst erfolgreicher Stressmanager. Schlagen Sie Kapitel 10 auf, wann immer Stress aufkommt, und Sie werden auf einen Blick Ihren Miniratgeber zur Stressbekämpfung finden. In Kapitel 11 konfrontiere ich Sie mit zehn Stressauslösern, die im Laufe unseres Lebens auf jeden von uns zukommen können.

Die zehn Gewohnheiten erfolgreicher Stressmanager

10

In diesem Kapitel

- ✔ Entspannen und sich von Sorgen befreien
- ✔ Organisiert und effektiv arbeiten
- ✔ Zu innerer Ausgeglichenheit gelangen

Hier finden Sie eine Liste der Qualitäten, die ich als die wichtigsten Fähigkeiten und Verhaltensweisen betrachte, um Stress zu reduzieren oder abzuwehren.

1. **Sie können sich entspannen.**

   Sie müssen wissen, wie Sie Spannungen lösen, Ihren Körper entspannen und Ihren Geist beruhigen können.

2. **Sie ernähren sich richtig und bewegen sich oft.**

   Seien Sie vorsichtig mit dem, was Sie essen und trinken, und treiben Sie regelmäßig Sport.

3. **Sie schlafen genug.**

   Gehen Sie früh zu Bett und stellen Sie sicher, dass Sie genügend Erholung bekommen.

4. **Sie machen sich keine unnötigen Sorgen.**

   Unterscheiden Sie zwischen den Dingen, die wirklich wichtig sind, und denen, die es nicht sind.

5. **Sie werden nicht oft wütend.**

   Sollten Sie es doch werden, versuchen Sie, Ihre Wut zu kontrollieren, damit sie nicht destruktiv wirkt.

6. **Sie sind gut organisiert.**

   Spüren Sie ein Gefühl von Kontrolle über Ihre Umgebung. Ein unordentliches und unorganisiertes Leben führt zu einem gestressten Leben.

7. **Sie managen Ihre Zeit effektiv.**

   Lernen Sie, wie Sie Ihre Zeit effektiv nutzen können. Kontrollieren Sie Ihren Tagesablauf.

8. **Sie haben und nutzen ein starkes soziales Netz.**

   Verbringen Sie Zeit mit Ihrer Familie, Ihren Freunden und Bekannten. Suchen Sie Menschen in Ihrem Leben, die Ihnen zuhören und die Sie gern haben.

9. **Sie leben nach Ihren Werten.**

   Erkennen Sie, was Ihnen wichtig ist und was nicht. Stellen Sie sicher, dass Ihre Ziele bedeutend und lohnend sind.

10. **Sie haben Sinn für Humor.**

    Lachen Sie über die kleinen Sorgen und Ärgernisse im Leben. Lachen Sie über sich selbst und nehmen Sie sich selbst nicht zu ernst.

Die zehn häufigsten Stressauslöser

11

In diesem Kapitel

- ✔ Stress, wo Sie keinen vermuten
- ✔ Stress durch negative und positive Ereignisse

Stress, wie Schönheit, liegt oft im Auge des Betrachters. Was für Sie unglaublich stressig sein mag, ist vielleicht für einen anderen Menschen nur eine kleine Irritation und für noch eine andere Person überhaupt nicht stressig. Es sind vor allem Ihre Wahrnehmung und Ihre Interpretation einer Situation oder eines Ereignisses, die diese Situation oder dieses Ereignis stressig machen. Es gibt aber bestimmte Ereignisse, die von den meisten Leuten als stressig empfunden werden.

Nachfolgend finden Sie eine Liste von zehn Ereignissen, Erfahrungen und Umständen, die von den meisten Menschen als belastend empfunden werden. Ich erwarte nicht, dass Sie mit allen Punkten einverstanden sind.

Auch Positives löst Stress aus

Sie werden vielleicht überrascht sein, Ereignisse zu sehen, die Sie normalerweise als positiv empfinden – heiraten, ein Kind bekommen – und die hier als Stressauslöser bezeichnet werden. Aber sie sind es. Wichtige Änderungen in Ihrem Leben, auch positive Änderungen, lösen Stress aus.

Der Verlust eines geliebten Menschen

Sicher kann nichts schrecklicher sein als der Tod eines Menschen, der Ihnen sehr nahe steht. Der Verlust Ihres Ehepartners, Ihres Kindes, eines nahen Verwandten oder eines sehr guten Freundes kann zu einer überwältigenden Menge Stress führen. Und dieser Stress kann für eine sehr lange Zeit anhalten. Diese Tragödie steht für fast jedermann ganz oben auf der Liste.

Schwere Krankheit oder Verletzung

Das ist auch nicht überraschend. Ich rede nicht über einen verstauchten Knöchel, die Grippe oder einen Fall von Windpocken. Die Arten von Krankheiten und Verletzungen, die größere Mengen von Stress hervorrufen, sind die, die schmerzhaft, entkräftend und lang anhaltend sind. Lebensbedrohliche Krankheiten und Verletzungen zählen sicherlich zu den Umständen, die am meisten Stress verursachen. Chronische Krankheiten und Zustände führen oft zu chronischem Stress.

Der Stress kann von den physischen Schmerzen oder der psychologischen Belastung kommen, wenn Sie sich Sorgen machen, wie die Krankheit oder Verletzung verlaufen wird – und von der Trauer um das, was einmal war, sowie dem Verlust von Hoffnungen und Träumen für die Zukunft.

Scheidung oder Trennung

Dass Beziehungen enden können, ist wohl keine große Neuigkeit. Scheidungen und Trennungen sind weit verbreitet. Jeder kennt jemanden, der in irgendeiner Art und Weise von einer gescheiterten Beziehung betroffen ist. Die heutzutage recht hohe Anzahl von Scheidungen lässt Sie vielleicht denken: »Keine große Sache. Es passiert dauernd«. Es sei denn, natürlich, es ist Ihre Beziehung, die in die Brüche geht. Dann merken Sie erst, wie stressig diese Erfahrung sein kann. Gibt es Kinder in der Beziehung, ist die Belastung noch wesentlich größer.

Studien zeigen, dass Menschen, die eine Scheidung durchmachen, wesentlich mehr stressbedingte Zeichen und Symptome zeigen als die Menschen, deren Beziehung intakt ist. Es kann sehr lange dauern, bis Sie Ihr emotionales Gleichgewicht wiedergefunden haben und bis Ihr Stresslevel auf einen normalen Wert zurückgeht.

Ernsthafte finanzielle Schwierigkeiten

Geld mag die Wurzel allen Übels sein oder auch nicht. Der Mangel an Geld ist jedoch fast immer die Wurzel von zu viel Stress.

Ihre speziellen finanziellen Sorgen sind vielleicht in einem Gehalt begründet, das viel zu niedrig für Ihre Bedürfnisse ist, oder Ihre Familie lebte einst von zwei Gehältern und muss jetzt von einem leben, oder Sie haben Ihren Job gewechselt oder sind gekündigt worden, womit weniger Geld in Ihre Tasche fließt.

Oder vielleicht wird der Stress durch Ihre Ausgaben ausgelöst. Eine höhere Hypothek als erwartet, diese Super-Sound-Stereoanlage, unerwartete Rechnungen oder die Wünsche Ihrer Kinder lassen Sie möglicherweise grübeln und sich darüber sorgen, wie Sie das alles bezahlen sollen. Und wenn Sie denken, dass Sie es nicht können, stehen Sie unter Stress.

Arbeitslosigkeit

Wenn Sie Ihren Arbeitsplatz verlieren, führt das oft zu dem erwarteten Stress, dass Sie nicht genügend Einnahmen haben werden, um Ihren Lebensstil aufrecht zu erhalten. Aber der Stress kann komplizierter sein.

Viele Menschen tendieren dazu, ihre Egos mit ihrem Beruf zu verbinden. Arbeitslosigkeit kann wie ein Versagen scheinen, das Ihnen das Gefühl gibt, als Mensch weniger wert zu sein. Dazu kommt die zusätzliche Sorge, ob Sie schnell genug einen vergleichbaren Arbeitsplatz finden können, der genug Geld bringt, um Ihren finanziellen Verpflichtungen nachzukommen. Nehmen Sie all das zusammen, und Sie haben ein Rezept für Stress.

Heiraten

»Ich will« zu sagen scheint kein allzu belastender Prozess zu sein. Aber diese wichtige Entscheidung zu treffen und sie mit einer ernsthaften Verpflichtung zu untermauern, kann ein ganze Menge Verwirrung und Angst auslösen.

Es ist wahrscheinlich die wichtigste Entscheidung, die Sie in Ihrem Leben treffen werden. Dann sind da die Pläne, die Sie machen müssen. Die Einzelheiten können überwältigend sein: Sie müssen entscheiden, wann und wo Sie heiraten wollen, Sie müssen einen Partyservice, einen Floristen, die Band organisieren – die Liste scheint endlos.

Umziehen

Dieser Punkt ist irreführend. Sie denken vielleicht, dass umziehen nur relativ wenig Stress hervorruft und einen Platz 35 auf dieser Liste verdient. Aber ein Umzug kann unglaublich viel Stress auslösen. Zunächst sind da die praktischen Gesichtspunkte: eine neue Wohnung oder ein Haus suchen, ein Umzugsunternehmen beauftragen, die Zeit und Energie finden, um alles einzupacken und wieder auszupacken.

Was bringt die Zukunft?

Dazu kommen die psychologischen Aspekte: Werde ich das neue Haus oder die neue Wohnung mögen? Was ist mit meinen alten Freunden? Werde ich neue Freunde finden? Wenn Sie Kinder haben, haben Sie oft noch den zusätzlichen Stress, sie an eine neue Schule und an neue Freunde zu gewöhnen.

Ein ernsthafter Streit mit einem engen Freund

Ein Streit oder eine ernsthafte Meinungsverschiedenheit mit einem guten Freund, der beziehungsweise die zum Ende der Beziehung führt, kann sehr stressig sein. Der Prozess des Streitens oder Argumentierens an sich ist schmerzlich genug, aber die zurückbleibenden Gefühle von Wut, Verwirrung und Verlust können enorm belastend sein. Sie fühlen eine Leere in Ihrem Leben – jemand, der ein vertrauter und fester Bestandteil Ihres Lebens war, ist nicht mehr da. All dies kann sehr schmerzlich sein.

Die Geburt eines Kindes

Dies, würden Sie denken, ist ein Segen, kein Stress. Und ich bin sicher, es ist eine erfüllte, glückliche Zeit in Ihrem Leben. Aber dieser Segen kommt nicht ohne Sorgen daher.

Der Geburtsvorgang an sich kann schmerzhaft sein. Die Gesundheit der Mutter und des Neugeborenen kann zu Sorgen führen. Mit einem neugeborenen Kind ändert sich Ihr Leben schlagartig, es kommt zusätzliche finanzielle Verantwortung, und oft bedeutet die Geburt ein Gehalt weniger.

Pensionierung

Die Pensionierung ist wahrscheinlich die irreführendste Ursache von Stress. Sie stellen sich Ihren Ruhestand als eine Zeit der verlängerten Erholung und Entspannung vor – eine Gelegenheit, all die Dinge zu tun, die Sie tun wollten, aber nicht konnten. Stress? Woher sollte der Stress kommen?

Nun, es kann stressig sein, wenn Sie nach einem aktiven, fest definierten Berufsleben plötzlich ein Leben der endlosen Optionen führen. Sie werden vielleicht feststellen, dass Sie nach einer Phase der Begeisterung langsam anfangen, sich zu langweilen. Sie werden vielleicht Freunde und Kollegen vermissen. Sie werden möglicherweise entdecken, dass es etwas schwieriger ist, als Sie es sich vorgestellt haben, so viel Zeit mit Ihrem Partner zu verbringen.

Stichwortverzeichnis